珍惜今天～
因為它們將
一去不復返
幸福和痛苦一樣
活著，就該珍惜
都只是一種感覺。感覺痛不欲生者其實並不是世界上最痛苦的人。
每個人的一生
都是
一場戰役

人生視野：53

活著，就該珍惜

編　　著　李莉文
出 版 者　大拓文化事業有限公司
執行編輯　林美玲
美術編輯　蕭佩玲

總 經 銷　永續圖書有限公司
劃撥帳號　18669219
地　　址　22103 新北市汐止區大同路三段一百九十四號九樓之一
TEL　（〇二）八六四七—三六六三
FAX　（〇二）八六四七—三六六〇
E-mail　yungjiuh@ms45.hinet.net
網　址　www.foreverbooks.com.tw

CVS代理　美璟文化有限公司
TEL　（〇二）二七二三—九九六八
FAX　（〇二）二七二三—九六六八

法律顧問　方圓法律事務所　涂成樞律師

出版日◇二〇一五年八月

國家圖書館出版品預行編目資料

活著，就該珍惜 / 李莉文 編著.
-- 初版. -- 新北市 : 大拓文化, 民104.08
面 ;　公分. -- (人生視野 ; 53)
ISBN 978-986-411-010-0(平裝)
1.人生哲學 2.通俗作品
191.9　　104011181

前言

生命只有一次，假如你讓今天的時光白白流逝，就等於毀掉人生最後的一頁。要珍惜今天的每一分每一秒，因為它們將一去不復返。

每個人的一生都是一場戰役，也是一場永無止境的自我挑戰過程，如何才能透過自身的努力在事業上獲得成功？怎樣才能擁有美滿幸福的生活？

從現在開始，仔細閱讀本書，領悟其智慧精華，並把這些非常實用的人生哲理運用在你的生活中，運用在你的工作、學習上，腳踏實地，努力奮鬥，開創未來，以達到充分擁有和盡情享受美好的人生！

chapter 1

領悟

詩人普希金在《如果生活欺騙了你》一詩的結尾寫道：「一切都是暫時，一切都會消逝；就讓失去的變為可愛。」有時失去不是憂傷，而是一種美麗：失去不一定是損失，而可能是另一種方式的獲取。最有把握的希望，往往結果歸於失望；不帶希望的事情，反而會出人意外地成功。本來無望的事，大膽嘗試，往往能成功。

快樂的力量 008
做你想做的 010
天堂和地獄 012
莫須有的罪 014
為成功鋪路 016
蒙娜麗莎的微笑 017
懸崖上的草莓 019
偏見 021
內心的神奇力量 024
缺陷美 026
出凡入世 027
不求回報的付出 029
失敗者與成功者 031
普渡眾生 033
成功的祕密 035
失去之後 037
誰是救星 038
珍惜每一個生命 040
戰勝自己 042
何必傷心 043
成為富翁的方法 045
真正的自由 048
跳出失敗的深淵 050
意外之財帶來的懊惱 052
尋找真理 054
人生的定位 056
獨一無二的珍寶 057
生命的意義 059
真情實意 061
真正的家 064
忘記失敗 066
有所不同 068
真正的朋友 070
愛的呼喚 073
聖人與魔鬼 075
經驗 077
難忘的真誠 079
新的創意 082
善用自己的優點 084
重新擁有 086

chapter 2
信念

人生中最大的悲劇就是：沒有了自信，沒有了希望。有些人因此而覺得沒有了明天，甚至要毀掉今天。只要充滿自信和激情，就能找到生命的意義，每個人都能做出了不起的事。

拍賣會上的小提琴 088
黑色的氣球 090
你行的 092
球王的疑惑和恐懼 094
自卑的女孩 096
固執 100
承認自己的缺點 102
一招就夠 105
矮個子的優勢 107
勝利的秘訣 109
偉大的推銷員 112
信心 114
標上記號的畫 116
不是事實 118
作家的退稿信 120
不能貶低的志氣 124
惠特曼和《草葉集》 126
不把命運交給別人 129
自己想辦法 131
頑石 133
最近的夢想 135
活下去的意義 138
打保齡球的啟示 141
考慮自己的將來 143
加油站問題 146
釣魚 149
人生的真諦 152
拿定主意 154
奇特的懷錶 156
通往總統府的臺階 158
自知之明 160
窮畫家 163
正確的做事方法 165
重新做夢 168

chapter 3
坦然

在複雜多變的生活中，當困難和挫折不期而至時，千萬不可不知所措放棄自己為之奮鬥的理想。只要冷靜下來，就當什麼事也沒發生一樣，泰然處之，就能夠化險為夷。

致命的陰影 174
不懂輸贏的生活 176
讓人沒有苦惱的地方 178
不停抱怨的徒弟 180
起點 182
淡定 184
盲眼士兵 186
成為情緒的主人 188
接受不能改變的事實 190
微笑面對生活 193
撒旦的武器 196
不愉快的聖誕假期 198
珍惜每一天 201
「低著頭」走完一生的人 203
沒有人困住你 205
依然澄清透明的水 207
誰都會遇上麻煩事 208
學會以苦為樂 210
掉在地上的冰淇淋 211
尋找樂藤 213
肥皂泡泡裡的彩虹 215
美好聖誕夜 217
高僧的龍頭壺 220
沒有缺陷 222
外面還有什麼 224
不能再失去的好心情 226
照常升起的太陽 228
煩惱樹 230
趕走沮喪 232
創造學的誕生 234
貧瘠的土地 237
由貓決定 240
「偷懶」的漢斯 242
有想像力的人 244
傷感的「女神像風潮」 246
有商業頭腦的青年 249
不放棄希望 251
泊車 253

Chapter 01

領悟

當生活像一首歌那樣輕快流暢時，笑顏常開乃易事；而在一切事都不妙時仍能微笑的人，才活得有價值。

——（德）威爾科克斯

快樂的力量

有一次，一位朋友打電話給老師說：「我們公司現在急需一名職員，您那裡有沒有合適的人選？」

剛好，這位老師的一位學生剛剛畢業，也符合條件，老師就讓他去面試。

晚上，朋友的電話就過來了，老師以為他是要告訴他錄取這個學生的好消息。誰知他竟說：「你的那位學生人品不錯，能力也可以，但我覺得他過於憂鬱，感覺不好，所以決定不用他。」

一聽此話，老師馬上意識到這個學生的缺點——平常說話細聲細氣，彷彿是在喃喃自語。他馬上對朋友說：「再給他一次面試的機會吧！他其實是一個很開朗優秀的學生。」

朋友拗不過他，答應了。同時，老師告訴那個學生，要他說話大聲點才能顯得有自信。

結果，這次朋友的反應不一樣了。

他說：「我覺得他並不那麼憂鬱，也許是第一次太緊張了。」
最後，這個學生被錄取了。

・心靈小棧

情緒是鼓舞士氣的無形力量，因此拿出快樂的情緒，它會讓你輕鬆面對生活中的每一天。給世界一個微笑吧！它也會給你一個微笑的。

做你想做的

一隻毛毛蟲緊貼著葉片，饒有興趣地觀看著昆蟲們怎樣唱歌、蹦跳、追逐、飛舞……周圍一切都在不停地運動，只有牠這條可憐的毛毛蟲既不會鳴叫，也不會飛舞。

當牠笨拙地從這一片葉子爬到另一片葉子時，覺得這就已經是周遊世界了。儘管如此，毛毛蟲並不抱怨命運，也不羨慕任何人。牠明白，每個人都有自己的事情要去做。

比如牠——毛毛蟲，要學會吐出纖細的絲，為自己結成堅固的繭房。

毛毛蟲沒有自怨自艾，開始努力工作。在一定的期限內，牠把自己從頭到腳纏在暖和的繭裡。

牠在與世隔絕的小窩裡問道：「以後該怎麼辦？」

牠彷彿聽到這樣的回答：「一切各有其時，耐心點，到時候你會瞭解的。」

時候到了，當毛毛蟲甦醒過來時，已不再是從前那隻笨手笨腳的毛毛蟲了。

牠靈巧地從繭裡掙脫出來，驚奇地發現自己身上長出一對輕盈的翅膀，上面佈滿色彩豔麗的花紋。牠欣喜地抖動一下雙翅，身體竟像一團絨毛似地從葉子上飄然而起，款款飛去，消失在蔚藍色的雲霧中。

・心靈小棧

卡內基說：「我只希望能統治我自己——控制自己的想法，克服自己的恐懼，控制我的心智與精神。最神奇的是，知道自己可以做到何種程度，我會為自己的快樂而奮鬥」。

天堂和地獄

一老僧坐在路旁，雙目緊闔，盤著雙腿，兩手交握在衣襟之下，他坐在那裡，陷於沈思。

突然，他的冥思被打斷。

打斷他的是武士嘶啞而懇求的聲音：「老頭！告訴我什麼是天堂！什麼是地獄！」

一開始老僧毫無反應，好像什麼也沒聽到。

但漸漸地他睜開雙眼，嘴角露出一絲微笑。

老僧開口說道：「你想知道天堂和地獄的祕密？」

武士站在旁邊，迫不及待，有如熱鍋上的螞蟻。

老僧又說：「你這等粗野之人，手腳沾滿污泥，頭髮蓬亂，鬍鬚骯髒，劍上鏽跡斑斑，一看就知道你沒有好好保管，你這等醜陋的傢伙，你娘把你打扮得像個小丑，你還來問我天堂和地獄的祕密？」

武士惡狠狠地罵了老僧一句。接著他抽出劍來，舉到老僧頭上。他滿臉血紅，血脈賁張，脖子上青筋暴露，準備拿下老僧項上人頭。眼看利劍就要落下，老僧忽然輕輕說道：「這就是地獄。」

剎時之間，武士驚愕不已，肅然起敬，對眼前這個敢以生命來教育他的瘦弱老僧充滿憐憫和愛意。

他的劍停在半空中，他的眼中充滿感激的淚水。

老僧說道：「這就是天堂。」

• 心靈小棧

想在天堂還是在地獄，是由我們自己來決定的，憤怒、邪惡、仇恨，這些都是你進入地獄的通行證，而仁愛、感激、醒悟，會讓你離天堂越來越近。

莫須有的罪

年輕的時候，我曾經拜訪過一位聖人。
他住在山那邊幽靜的林子裡。
正當我們談論著什麼是美德的時候，一個土匪瘸著腿吃力地爬上山嶺。
他走進樹林，跪在聖人面前說：「偉大的聖人，請您解脫我的罪過，我罪孽深重。」
聖人答道：「我的罪孽也同樣深重。」
土匪說：「可是我是盜賊。」
聖人說：「我也是盜賊。」
土匪又說：「而且我還是個殺人犯，有多少人的鮮血在我的面前翻騰。」
聖人回答說：「我也是殺人犯，有多少人的熱血也在我的面前呼嘯而過。」
土匪說：「我犯下了無數的罪行。」
聖人回答：「我犯下的罪行也無法計算。」

土匪站了起來，他兩眼盯著聖人，露出一種奇怪的神色。

然後他就離開了我們，帶著輕快的步伐跑下山去。

我轉身去問聖人：「您為何要給自己加上莫須有的罪行？您沒有看見此人走時已對您失去信任？」

聖人說道：「是的，他已不再信任我。但他是如釋重負般的離開。」

正在這時，我們聽見土匪在遠處引吭高歌，回音使山谷充滿了歡樂。

・心靈小棧

聖人不惜給自己加上莫須有的罪名，目的是為了讓土匪減輕心中的負擔，其高貴的品德讓人欽佩。

真心去幫助別人，就不要計較自身的得失。

當你真心幫助別人的時候，別人也會真心幫助你。

為成功鋪路

知名「聲寶電器公司」創辦人陳茂榜十五歲時就輟學了，只能到一家小的書店當個售貨員。每天至少要工作十二個小時。與別人不同的是，陳茂榜下班之後所做的事情就是讀書。他將書店變成了書房，他意識到了天地之廣闊，這為他日後的成功奠定了一個紮實的基礎。在書店工作了八年，陳茂榜也就讀了八年的書。因此，也養成了每晚至少讀兩個小時書的習慣，這使他一生受用無窮。後來，在從商的道路上，陳茂榜獲得成功，並且榮獲了美國聖若望大學頒發的名譽博士學位。

・心靈小棧

平日一點一滴的努力，是用實際行動為成功鋪路。只要有不放棄努力的信心與堅強，就能有收穫成功的喜悅與從容。滴水石穿，執著可以改變人這一生的命運。

蒙娜麗莎的微笑

法國巴黎的羅浮宮裡珍藏著一幅聞名世界的名畫：蒙娜麗莎的微笑。好幾個世紀以來，她那永恆的微笑不知道給多少人帶來了無盡的遐想。

沒有人知道她因何而微笑，其實這個原因已經並不重要了，重要的是她散發出來的微笑。

既然我們每個人都有一張臉，那麼臉上的微笑在某種意義上能代表一個人。因為微笑表示了禮貌、親切、友善、關懷，它不但能鼓舞自己，而且能激勵他人。

一個發自內心的微笑，幾乎可以代表一個人所有的情感。

微笑有助於業務的推廣。某百貨公司在舉辦櫃檯小姐的「微笑服務」，競賽期間，該公司的業績比平時增加了兩倍。

紐約某家百貨公司的一位主管曾說過一句發人深省的話：「我寧願雇用一位隨時面帶微笑，即使她只是一位連中學都沒畢業的女孩，也絕不願意雇用一位撲克臉孔的博士。」

•心靈小棧

微笑可以縮短人與人之問的距離，使人際關係融洽，事業順利，生活愉快。但是，微笑無處可尋，它不可能用錢買得到。

在施予他人之時，自己也就感受到了它的存在。

懸崖上的草莓

他彷彿是天生的失敗者——求學、創業、覓職，從未天遂人願。胸中萬千夢想，都只是七彩的肥皂泡，瞬間破滅。那年春天，他的失意達到頂點，甚至想就此結束自己的生命。有人告訴他：在深山雲深不知處，有一位高僧掌握人間成功的祕訣。

他滔滔不絕地傾吐著自己的痛楚，高僧卻是漫不經心的抬手：「那邊懸崖上有一叢草莓，你去採下來給我，我便告訴你該如何得到你的夢想。」

山並不高，卻極其陡峭。懸崖冰冷佇立，青苔滑膩，那一簇小小紅燈，看上去彷彿可望而不可及。他不禁望而生畏，脫口而出：「我怎麼爬得上去呢？」

但高僧已閉目合十，不再理會。他在懸崖下苦思冥想，始終想不出好辦法，不由得心煩意亂。心想，或許高僧是騙人的吧！乾脆算了，但心裡又想著，這是自己最後的機會。他靜下心來，回去買了地圖，認真的研究這一整座山，並發現山的南邊比較平坦，是最佳的攀岩途徑。

他參加了登山社，購置了登山配備，信心十足地開始攀爬——還不到三分之一，他因體力不支不得不力竭而返。撫著痠痛的四肢，他心灰意冷，卻在朦朧月色裡，依稀看見遠處的草莓。他每天積極地鍛練身體，增加運動量，又向名師請教登山攀岩的技巧。之後，他開始第二次向頂峰攀登。

失敗仍是不可避免，但他心中卻再也沒有沮喪與愁苦。因為這一次，他離山頭已不過幾步之遙。終於在第三次，他的掌中盈滿了草莓的嬌嫩與芳香。

他急切地問：「大師，現在你可以告訴我成功的祕訣了吧？」

高僧只將草莓納入口中，微笑。「很甜！」

然後反問：「你不是已經成功了嗎？」

他在瞬間恍然大悟。這世上還有什麼成功會比懸崖上的草莓更難以採擷？而他所憑藉的，無非是勇氣、智慧、心中的渴望、充足的準備和鍥而不捨。

・**心靈小棧**

有了勇氣、智慧和渴望，就有了成功的基礎，再加上充足的準備和鍥而不捨，一定可以採到成功的果實。

歷盡艱險得來的成功，會如同懸崖上的草莓般，有著格外的甘甜與芬芳。

偏見

從紐約到波士頓的火車上，我發現了隔壁座位的老先生是位盲人。我的博士論文指導教授也是位盲人，因此我和盲人談起話來，一點困難也沒有，我還拿了杯熱騰騰的咖啡給他喝。

當時正值洛杉磯種族暴亂的時期，我們因此就談到了種族偏見的問題。老先生告訴我，他是美國南方人，從小就認為黑人低人一等，他家的傭人是黑人，他在南方時從未和黑人一起吃過飯，也從未和黑人一起上過學。到了北方念書，有一次他被班上同學指定辦一次野餐聚會，他居然在請帖上註明「我們保留拒絕任何人的權利」。

在南方這句話就是「我們不歡迎黑人」的意思，當時舉班譁然，他還被系主任叫去訓了一頓。

他說有時碰到黑人店員，付錢的時候，他總是將錢放在櫃檯上，讓黑人去拿，不肯和黑人的手有任何接觸。

我笑著問他：「那你當然不會和黑人結婚了。」

他大笑起來：「我不和他們來往，如何會和黑人結婚？說實話，我當時認為任何白人和黑人結婚，都會使父母蒙羞。」

但他在波士頓念研究所的時候，發生了車禍。

雖然大難不死，可是眼睛完全失明，什麼也看不見了。

他進入一家盲人重建院，在那裡學習如何用點字技巧，如何靠手杖走路等等。

慢慢地他終於能夠獨立生活了。

他說：「我最苦惱的是，我無法分辨對方是不是黑人。

我向我的心理輔導員談及這個問題，他也儘量開導我，我非常信賴他，什麼都告訴他，我將他看成良師益友。

有一天，那位輔導員告訴我，他自己就是黑人。

從此以後，我的偏見就完全消失了。

我看不出對方是白人，還是黑人，對我而言，我只知道他是好人，不是壞人，至於膚色，對我已毫無意義了。」

車快到波士頓，老先生說：「我失去了視力，也失去了偏見，這是一件多麼幸福的事。」

在月臺上，老先生的太太已在等他，兩人親切地擁抱。

我發現他太太竟是一位滿頭銀髮的黑人。

我這才醒悟，我視力良好，但我的偏見還在，這是多麼不幸的事。

・心靈小棧

眼睛在很多時候誤導甚至欺騙了我們，盲者倒是幸運，因為他必須用心去看這個世界，並且得「看」得更為真切。

看待事物不僅要用眼，還要用心。

僅用眼睛去觀察世界，多半難以全面，而用心則能領悟世界的靈魂。

內心的神奇力量

小雲得了腎炎，不久又出現了併發症，血壓不斷的上升。情況很危急，醫生告訴她，最好要有心理準備。

她回家後就陷入消沈的情緒之中。

每個人都被小雲消沈的情緒所感染，全家都陷入一片愁雲慘霧之中，她自己也無法振作起來。

過了一個禮拜自怨自艾的日子之後，她對自己說：「妳簡直像個傻瓜！妳可能一年之內都死不了，為什麼不讓眼前的日子過得好一點？」

這樣一想，她發現一切都變得好多了，儘管一開始她是裝出來的。

但情況越來越好，她不但開心健康的活著，就連血壓也都降下來了！

小雲明白了這樣一個事實：如果一直讓「我快要死了」的想法圍繞在心中，那麼醫生所預估的生命存活期多半是不會錯的。

相反的，如果身體有機會自癒，那完全是因為自己的態度改變了。

・心靈小棧

人如果改變對人與事的看法，人與事就會有所改變。

人的內心都有一種神奇的力量，那就是自己，是自己的思想產生了力量，擁有積極健康的思想人才能上進。

缺陷美

美術商店門口，有座斷臂的維納斯雕像，約兩米高。有一天，一位年輕的母親牽著小女兒路經這裡。小女兒停了下來。年輕的母親便指著雕像說：「祂是維納斯，羅馬神話中的女神。妳看祂多麼的美麗啊！」

小女兒的眼睛裡閃著異樣的神采，忽然問：「祂怎麼沒有胳膊和手呢？」

年輕的母親說：「祂生下來就沒有了……但祂永遠是最完美的女性。」

維納斯的斷臂到哪兒去了呢？據說，一八二〇年從希臘彌羅島上倒塌的廟堂裡挖掘出來時，就已經是下落不明了。不過，這件珍品的藝術內蘊卻因此更豐富了。

・心靈小棧

其實，在生活中「下落不明」的情形往往更多。它們的「不確定性」一樣蘊含著豐富的價值，只是人們不一定能夠有所感受。

出凡入世

古代，有一位粗獷魯莽的俠士與一位儒雅富有的學者打賭，俠士如能在一間暗房裡獨處五年，學者願把全部的家產輸給他。

第一年，由於寂寞難耐，俠士不斷地摔盆砸碗發威動怒；第二年，他向學者借書看。

一連三年，俠士都沈迷在書本中研讀著光陰。

第五年，他開始棄卷靜坐，默默地思考人世間的道理。

到了預定期限的最後一個夜晚，俠士放棄了垂手可得的萬貫家財，也沒和學者告別就離去了，只留下了四個字：進去出來。

「進去出來」多麼簡單，又多麼深奧。這位五年前還是那麼粗獷魯莽的俠士，已抵達一種飄逸如仙的境界。

這是因為他對自己靈魂的滋養。

・心靈小棧

一顆心，一個靈魂，實在應該知道自己要珍惜什麼和摒棄什麼。

知道「要」的人，正如文首所言的俠士，雖身居斗室，而心通四海；亦如懸崖峭壁上盛開的小花，根繫一石，卻香散廣宇。

不求回報的付出

小查德是個害羞、安靜的孩子。有一天他回到家中，告訴母親說他要為班上每個人準備一張情人節卡片。

母親的心頓時沮喪下來，她想：但願他不要那樣做，因為她看過孩子們走路回家的情景，小查德總是走在後面。那些孩子們成群結隊地彼此說笑打鬧，而小查德總是被排擠在外。

然而，最終她決定支持自己的兒子。於是她幫小查德買了紙張、膠水和彩色筆，整整三個星期，小查德每個晚上都在製作情人節卡片。

情人節終於來到，小查德簡直是快樂極了。他小心翼翼地把卡片收起來，放進袋子裡，然後飛奔出門。

母親決定烤些他最喜歡吃的餅乾，等到他下課回家時，把溫熱的餅乾連同冰涼的牛奶一同拿出來。她猜想如果結果是令人很失望……也許這樣可以減輕他一些難過的感覺。想到兒子不會收到許多情人節卡片，或許一張也沒有，她便感到傷心。

那天下午，她把餅乾和牛奶放在桌上。當孩子們的聲音傳來，她從窗戶看出去，果然是他們來了，孩子們開心地邊走邊笑。像平日一樣，小查德走在最後頭，但他比平時走得快了些。

她不出所料地注意到查德兩手空空。門打開後，她勉強忍住眼淚。「媽替你準備了餅乾和牛奶。」他根本沒聽進去，自顧自地往前走，臉上散發著光彩，並反覆地說：「一張也沒有……一張也沒有。」

然後他加上一句：「我一張也沒有忘記準備！」

・心靈小棧

在意獲取的人往往會因為得不到想要的東西而沮喪，樂於付出的人就沒有這樣的煩惱，把自己的快樂和真情施予了別人，他就感到幸福了。兩者相比較，誰會擁有更美麗的人生，這不是很清楚了嗎？

失敗者與成功者

一位失敗者去拜訪一名成功者。他來到成功者面前，看到了一扇漂亮的旋轉門。

他輕輕一推，門就旋轉起來，他夾在兩塊透明玻璃間轉了進去，他看到成功者正站在面前。

「你能不能告訴我成功有什麼竅門？」失敗者虔誠地問。

成功者用手一指他的身後：「就是你身後的這扇門。」

失敗者回過頭去只見剛才帶他進來的那扇門正慢慢地旋轉著，把外面的人帶進來，把裡面的人送出去。

兩邊的人都順著同一個方向進進出出，誰也不影響誰。

「就是這同一扇門，把裡面的人送出去，把外面的人帶進來。

其實，我們每個人的心裡都有一扇門，是用不同材料做的。

有的人是帶鎖的木門，成功快樂時就打開，而失敗痛苦時就關閉，把自己鎖在黑暗裡。

有的人是旋轉的玻璃門，不管成功還是失敗，快樂還是痛苦，總是讓自己的心靈之門旋轉起來，把失敗和痛苦旋轉出去，讓希望和未來旋轉進來，在旋轉中尋找機會，把握未來，找到一個新的人生舞臺！」

・心靈小棧

希望和現實的差距產生了痛苦，而成功其實就是一個經歷痛苦的過程。所謂的放棄，實際上是你缺乏把痛苦變成磨練的勇氣。

普渡眾生

以前住在舊居，每次上下班總會經過一個路口，路口邊有一棵不知名的大樹，挺拔屹立，濃蔭蔽天。

不論晴天或風雨，不論早晨或黃昏，我總看到一個年輕的和尚默默地站在大樹下托缽化緣。

儘管路口霓虹閃爍，車馬喧囂，他總是緊閉雙目，聞風不動地佇立著，他的神態與毅力，深深地令我折服。

樹下常有兩三個蓬頭垢面、敝衣襤褸的小孩在追逐嬉戲。

有一次，我無意中發現小孩竟公然竊取和尚缽裡的化緣金，而和尚卻視若無睹。

後來經我仔細觀察，小孩的偷竊行為並非「偶然」，而是一種「習慣」。和尚的化緣金竟成了他們固定的一種收入。

我氣憤已極，真想將小孩繩之以法。但幾經思量，最後還是成全了和尚的慈悲。

不久我遷了新居，就未再經過那個路口，以上的小事也就逐漸在腦海裡淡忘。前天，我無意中又經過那個路口，發現那個和尚仍然默默地站在那裡化緣，但身邊多了兩個小沙彌。

我往前仔細一看，發覺竟是那兩個偷竊化緣金的小孩，驟然間，我若有所悟。儒家講求「有教無類」，佛教主張「普渡眾生」，無形中，我又上了一課。

・心靈小棧

和尚可以將小偷點化，進而皈依佛門，可見佛教「普渡眾生」主張的力量。教育的力量是無限的，任何時候都不要放棄教育的力量，當然，教育的方法也很重要，好的方法可事半功倍。

成功的祕密

一日，我去見一位智者。

「請問，怎樣才能成功呢？」我恭敬地問。

智者笑笑，遞給我一顆花生：「它有什麼特點？」

我愕然。

智者說：「用力捏捏它。」

我用力一捏，捏碎的是花生殼，卻留下花生仁。

智者說：「再搓搓它。」

我照著他的話做，毫無疑問，它的紅色的外皮也被我搓掉了。只留下白白的果實。

智者說：「再用手捏它。」

我用力捏著，但是我的手無法再將它毀壞。

智者說：「用手搓搓看。」

當然，什麼也搓不下來。

「雖屢遭挫折，卻有一顆堅強而百折不撓的心，這就是成功的祕密。」

• 心靈小棧

我們都渴望成功，但似乎並沒找到成功的祕訣。

雖屢遭挫折，卻有一顆堅強而百折不撓的心，其實這就是成功的祕訣，只是它一直被我們所忽視。

失去之後

空牆是空的嗎？不一定。

巴黎羅浮宮內的那面空牆就曾吸引過數十萬計的遊客——因為，就是在這面牆上，曾懸掛過達文西的《蒙娜麗莎》，可是天有不測風雲，一八九一年的一天，這幅名畫卻被人偷走了。打從這一刻起，這面空牆也變得人如織，人如潮，人們久久地看著空牆，感歎著，猜測著，憤怒著，遺憾著。據統計，兩年來在空牆前駐足留連的人，竟然超越了過去十二年來觀賞名畫的人數的總和，這不能不說是個奇蹟！

・心靈小棧

如此看來，巧妙的「空」並不是「無」，而是「有」，只不過有什麼並不明確，就是因為這樣，才為人們的想像提供了足夠的空間與自由！

誰是救星

基督教會的青年們，在青年牧師戴夫・史東的帶領之下，凡事皆與附近浸信會針鋒相對，尤其是在打壘球的時侯。另一方面，他們對基督教的信仰也很認真，總是忠心耿耿地參加史東牧師主領的夏令會。

有一次，史東牧師講到《約翰福音》第十三章，耶穌替門徒洗腳的那一段，為了把甘心作僕人的教訓深印在青年們的心裡，史東牧師把他們分為若干小組，教他們出去實際做些服務他人的事。

他說：「在接下來的兩小時內，我要你們到城裡去扮演耶穌。假如耶穌在此，他會怎麼做？想想看他會如何幫助人。」

兩個小時後，青年們再次到史東牧師家的客廳裡聚集，報告方才所做的事。

第一組用兩個小時的時間替一位老人整理庭園。

第二組買了些冰淇淋，分別送給教會裡的幾位寡婦。

第三組到醫院去探望一位生病的教會教友，並送給他一張慰問卡。

到第四組報告他們的行動時，他們每個人都被報以噓聲。這一組竟然去找他們的老對手——浸信會，問他們有什麼事需要效勞的，牧師叫他們到一位老婦人家裡替她整理園子。

於是，他們花了兩個小時的時間除草、整理籬笆和清掃垃圾。

臨走時，老婦人叫他們過去，當面表示感謝他們的效勞：「要是沒有你們，我真不知道該怎麼辦？」

她說：「你們這些浸信會的孩子真是我的救星。」

「浸信會！」史東牧師插嘴說：「我認為你們應該告訴她，你們都是基督教會的成員。」

「我們沒有說，何必呢？」孩子們說：「我們認為那並不重要。」

・心靈小棧

聖經上說「要愛你的仇敵」，當你為某人、某事感到煩惱時，不妨先伸出友好的雙手，當別人對你表現和解時，不妨快一點放飛和平鴿。

珍惜每一個生命

在浩瀚的大西洋岸邊住著一位老人，每天退潮時，他都會在沙灘上走上好長一段路。

住在不遠處的另一個人，有時會看見他消失在遠方，然後又走回來。這位鄰居也注意到，老人在這段路上會偶爾彎下腰撿起一些東西，然後再拋擲到海裡。

一日，當老人走到海灘，鄰居們為了滿足好奇心，便跟著他。果然，老人像往常一樣從沙灘上撿起些東西，然後丟到海裡。

到下一次彎腰時，鄰居已走得夠近，看得見他撿起的是退潮時被帶到沙灘上的海星。

當然，若沒有人把牠放回海裡，牠將在下次漲潮前，因脫水而死。

老人正要把手上的海星丟進海裡時，鄰居帶著嘲諷的口吻說：「喂，老先生，你在做什麼？這海岸綿延幾百里，每天被沖上沙灘的海星成千上萬，你能夠救得了多少呢？你這樣彎腰拾起幾隻，究竟有什麼意義呢？」

老人聽見後停頓一會，繼續彎下腰撿起海星扔回海裡，每扔一隻，嘴裡就嘟嚷一句：「對牠有意義，對我也有意義……」

・心靈小棧

珍惜每一個生命就像是我們珍惜自己的一種方法，愛每一個人，就像是愛我們自己的應做之舉。

戰勝自己

飛機在高空轟鳴。「你怕嗎？」班長緊貼著新兵的耳朵，大聲地說著，並用手示意著跳傘動作。新兵遲疑片刻，看著緊盯著他的眼睛，老實的承認：「我怕。」他說：「我也怕，但是我們能成功地完成跳傘任務，你說是不是呢？」

不知為什麼，當知道班長也害怕的時候，新兵的心情突然不再那麼緊張了，也不再為自己害怕而羞愧自責了。他們順利地首次從高空躍下來，乘著降落傘回到地面，成為名副其實的傘兵。多年後，新兵還清楚記著第一次跳傘，以及班長的話。

・心靈小棧

經歷了痛苦的折磨之後所贏得的榮譽和勝利，遠比與那些可憐的人為伍好得多，至少我們知道什麼是勝利，什麼是失敗。

只有體驗過失敗的痛苦，才能享受到成功的喜悅。

何必傷心

一個哲學家，晚飯後習慣性往郊外散步。

某次，遇見一個人正傷心地哭泣，哲學家問他為何如此傷心，那人回答：「失戀了。」

哲學家聽後連連鼓掌大笑道：「糊塗啊！你真糊塗。」

失戀者停住哭，氣憤地質問：「有學問就可以如此嘲笑愚弄別人嗎？」

哲學家搖頭道：「不是我取笑你，而是你自己取笑自己啊！」

見失戀者不解。

哲學家接著解釋說：「你如此傷心，可見你心中是有愛的；既然你心中有愛，那對方就必定無愛，不然你們又何必分手呢？而愛在你這邊，你並沒有失去愛，只不過失去一個不愛你的人，這又有什麼好傷心的呢？我看你還是回家去睡覺吧！該哭的應是那個人，她不僅失去了你，而且還失去了心中的愛，多可悲啊！」

失戀人破涕為笑，恨自己對這淺顯的道理沒看透。

於是他向哲學家鞠了一個躬，轉身離去。

・心靈小棧

只要心中有愛，我們就是富足的，還可以再爭取到我們想要的一切。我們可以失去所愛的人，但不可失去心中的愛。保持這份愛，前程還有更多的美景在等著我們。

成為富翁的方法

有一位想成為富翁的青年，到處去旅行流浪，辛苦地尋找著成為富翁的方法。幾年過去了，他不但沒有變成富翁，反而成為衣衫破爛的流浪漢。最後，他想起了寺廟裡的觀世音菩薩。他知道菩薩無所不能，救苦救難，就跑到廟裡，向觀世音菩薩祈願，請求菩薩教他成為富翁的方法。

觀世音菩薩被他的虔誠感動了，就教他說：「要成為富翁很簡單，你從這寺廟出去以後，要珍惜你遇到的每一件東西、每一個人。並且為你遇見的人著想，佈施給他。這樣，你很快就會成為富翁了。」

青年聽了，心想方法真簡單，高興得不得了，就告辭菩薩，手舞足蹈地走出廟門，一不小心他竟踢到石頭絆倒在地上。

當他爬起來的時候，發現手裡黏了一枝稻草，正想隨手把稻草丟掉，猛然想起了觀世音菩薩的話，便小心翼翼地拿著稻草向前走。路上迎面飛來一隻蜜蜂，他想起菩薩的話，就把蜜蜂綁在稻草上，繼續往前走。

突然，他聽見了小孩子號啕大哭的聲音，走上前去，看見一位衣著華麗的婦人抱著正在大哭大鬧的小孩子，怎麼哄騙也無法使他不哭。

當小孩看見青年手上綁著蜜蜂的稻草，立即好奇地停止了哭泣。

那人想起菩薩的話，就把稻草送給孩子，孩子高興得笑起來。婦人非常感激，就送給他三個橘子。

他拿著橘子繼續上路，走了不久，看見一個布商蹲在地上喘氣。

他想起菩薩的話，走上前去問道：「你為什麼蹲在這裡，有什麼我可以幫忙的嗎？」

布商說：「我口好渴！渴得連一步都走不動了。」

「那麼這些橘子送給你解渴吧！」

他把三個橘子全部送給布商。布商吃了橘子，精神立刻振作起來。為了答謝他，布商送給他一匹上好的綢緞。

青年拿著綢緞繼續往前走，這時他看到一匹馬病倒在地上，騎馬的人正在那裡一籌莫展。

他就徵求馬主人的同意，用那匹上好的綢緞換那匹病馬，馬主人非常高興地答應了。他跑到小河邊去提一桶水來給那匹馬喝，細心地照顧牠，沒想到才一會兒，馬就好起來了。原來馬是因為口渴才倒在路上。

青年騎著馬繼續向前進，在經過一家大宅院前面時，突然跑出一個老人攔住他，向他請求：「你這匹馬，可不可以借給我呢？」

他想起觀世音菩薩的話，就從馬上跳下來，說：「好，就借給你吧！」

那老人說：「我是這大宅院的主人，現在我有緊急的事要出遠門。這樣好了，等我回來還馬時再重重地答謝你；如果我沒有回來，這宅院和土地就送給你好了，你暫時住在這裡，等我回來吧！」說完，就匆匆忙忙騎馬走了。

青年在那座大宅院裡住了下來，等著老人回來。沒想到老人一去不回，他就成為大宅院的主人，過著富裕的生活。

這時他領悟道：「哎！我找了許多年成為富翁的方法，原來它是這樣簡單！」

・心靈小棧

真正通向富足的道路，並不是財富的累積，也不是名利的追求，而是珍惜我們所遇到的每一件東西，每一個人，處處為人著想，佈施給別人。

致富之道無他，惜緣、佈施而已。

惜緣使我們無憾，佈施使我們成為真正富有的人。

真正的自由

一位波斯商人，他有一百五十隻駱駝為他馱運貨物，還有四十名僕人聽他的吩咐。

一天晚上，他邀請一位朋友——薩迪，到他家做客。

整整一晚，這位大商人不停地說起他的問題、他的困擾和事業上的激烈競爭。他談到他在土耳其和印度的財產，談到他所擁有的土地範圍，還拿出許多年來所收集的珍寶讓薩迪欣賞。

他說：「薩迪，我馬上又要出門再去做一次買賣；這次旅行回來，我可要好好休息休息了。我早就想休息了，這是我在世界上最想做的一件事。

我想做的事還有把波斯的硫磺運到中國去販賣，我聽說在那兒硫磺很值錢。然後我要把中國的瓷瓶運往羅馬。

我的船再裝上羅馬的貨物運到印度洋，從那裡我再把印度洋的貨運到哈拉布。

之後我再裝上玻璃運往葉門，接下來我就要過著一種平靜而單純的生活，我要認真反省我的生活，這就是我目前的想法和最高目標。」

・心靈小棧

你什麼時候能自由輕鬆地做你必須做的工作？你什麼時候能學會輕鬆自如地做事？

這必須直到你願意、放鬆下來，確信自己有能力這麼做，並毫無抵抗地邁出第一步，否則，你永遠不會明白自由的意義。

跳出失敗的深淵

約翰的兒子馬歇爾在大衛的店裡工作，一天約翰問大衛說：「我的孩子目前工作的如何？」

大衛回答：「不瞞你說，馬歇爾是個好孩子，本性不壞，但即使他留在我店裡一百年，也難以成為一個像樣的商人。因為他總是敷衍了事，不肯用心學習。」

確實，馬歇爾打從心理就不喜歡當一位商人。所以，他總是盼望父親來將他帶回鄉下。

而日子就在一天天的磋跎中度過，他父親終於來帶他回去了。

那天晚上，父親告訴兒子，母親離家出走了，原因是他愛酗酒，不做事，沒幾年就把僅有的兩畝田給敗光了。太太一氣之下，不告而別。他不希望兒子步他的後塵。

隔沒多久，兒子又回到原先的店裡學習，多年之後，成為地方上的大富翁。

・**心靈小棧**

嚴厲的批評絕對不如耐心的勸導來得有效，如果你試著走入失敗者的隊伍中間，你將發現大部分的人之所以失敗，那是因為他們沒有勇氣和力量讓自己從不良的環境中跳脫出來。

意外之財帶來的懊惱

一個農夫建屋時，在地基下挖到了一個古墓。

墓裡的屍骨早無，墓穴裡只有一個陶缽和幾串銅鈿。

陶缽被農夫扔在一邊，銅鈿被農夫洗淨，視為珍寶，精心收藏。

一日來了一個收古玩的商人。

農夫便把銅鈿拿出來，商人看完後每個出價二千元買下。

農夫因此得款兩萬元，真是喜不自禁。

商人問是否還有古舊之物。農夫突然憶起那個陶缽。商人便出一萬元買下了它。

農夫憑空得款三萬元，一時在附近傳為幸事。

村中有位退休的老者得知此事，特地前來察看，他看出這陶缽是宋代的古董。

他便對農夫說，你賣掉的陶缽比銅鈿還值錢。

後來又有人對他說，那陶缽是古文物，乃無價之寶，值萬元也有可能。

農夫後悔極了，他為此傷心不已。

過了些日子，他又對人說，我打聽過了，如果是宋代的古文物，可能值數十萬元。

哎！沒有福氣。聽說，他後來又去城裡打聽，得知博物館裡的一些近代陶缽值五十萬。現在那個賣掉的陶缽一定不只值五十萬了。

・心靈小棧

失去的東西往往都是無價的。失去方知寶貴，正應「物以稀為貴」的道理。

農夫不辨物之所值，似有可原。可是他後來接二連三的傷心、後悔卻是枉然可笑。試想，如果沒有挖出古墓，怎會有如此多的不幸。

取捨之間難以劃出適當的比例，往往是近期與遠期利益的矛盾所致。

尋找真理

「砰！砰！砰！」

一個匆匆而來的路人急切地敲打著一扇神祕的門。

不久，門開了。

「你找誰？」

門裡的人問。

「我找真理。」路人答。

「你找錯了，我是謬誤。」

門裡的人「砰」地一聲把門關上了。

路人只好繼續尋找。

他越過很多條河，翻過很多座山，可就是遲遲找不到真理。

後來他想，真理和謬誤既是一對冤家，那說不定謬誤知道真理在哪兒。

於是他重新找到謬誤，謬誤卻說：「我也正要找它呢！」

說畢又關上了門。

路人不死心，繞了一圈後又繼續敲開了謬誤的門，可是謬誤留給他的卻是一副冰冷的面孔。

就在路人近乎絕望地在謬誤門口徘徊的時候，不斷的敲門聲吵醒了謬誤的鄰居，隨著「吱呀」的一聲輕響，路人回頭一看，天哪，這不正是真理嗎？

• 心靈小棧

真理就住在謬誤的隔壁。

人們找到真理，常常是在一次次地敲響謬誤的門之後。

人生的定位

一個和尚因為耐不住佛家的寂莫就下山還俗去了。不到一個月，因為耐不住塵世的紛擾又上山了。不到一個月，又因不耐寂寞還俗去了。如此三番兩次，老僧就對他說，你乾脆也不必信佛，脫去袈裟；也不必認真的去做俗人，就在廟宇和塵世之間的涼亭那裡賣茶如何？這還俗的和尚就娶了老婆，開了一家茶店。

老僧的指引很對，半調子的人只能做半調子的事。

‧心靈小棧

在廣闊的天空和浩瀚的宇宙之中，人往往難以找出適合自己生存、屬於自己的一塊自由空間，與許多人相比，這個和尚是幸運的，因為他畢竟找對了自己的位置。許多人在一生當中都不停地忙碌奔波，即使到了生命結束之時，依然沒有找到屬於自己的歸宿之地。

獨一無二的珍寶

一位友人是兩個女兒的父親，當他要求與女兒們約會的男孩單獨談話時，他的女兒們或許有些尷尬，他自己也希望讓男孩覺得他還可以，而不是一個十分苛刻、過分保守的父親。但有些事還是在尷尬的情況下發生了。

另一位朋友說他用跑車的比喻來說明他的意思。

他會對男孩子說：「假如我擁有一部最昂貴的、外國進口跑車，而我也願意借給你開一會兒，你會很小心謹慎的，是嗎？」

「噢，是的，先生，你可以放心。」

「你會對它比對自己的車更好，是嗎？」

「是的，先生。」

「我想你不會隨便來個緊急刹車或是什麼的，是嗎？」

「是的，先生。」

「好，就讓我直截了當以男人對男人談話的方式告訴你一件事，我女兒對我來說是無價之寶，比任何車子都要貴重。

你懂我的意思嗎？我把她借給你幾個小時，我希望你用十分珍惜謹慎的態度對待她。

我必須對我的女兒負責。因為她是我的，我現在把她暫時委託給你，這種信任絕對沒有第二次。」

・心靈小棧

總有一天我們會明白在母親整日嘮嘮叨叨的時候，在父親橫眉豎眼、疾言厲色的時候，其實他們都只是在說一句話，那句話是：「孩子，你知不知道你是我唯一的珍寶。」

生命的意義

相傳有一個年過半百的人身患絕症，四處求醫，卻未見效。

有一個智者告訴他：「你這種病有人能治，但你必須四方遊吟，才能引他露面。」

於是這個人開始流浪，四處吟唱，唱給富人、窮人、病人、孩子聽。數十年過去了他從壯年變成老年，成了著名的遊吟歌手，他的歌治癒了許多人的頑疾之症，而他卻渾然不知，一年復一年的唱過了百歲。

這天，一個路人問他為什麼唱得如此動聽，他說：「為了找一個神醫，治我的絕症，哎！唱了五十多年了，可是都他還沒露面。我這病可怎麼辦呀？」

那人說：「真巧，我就是醫生。」

於是便為他做了全身檢查，隨後就對他說：「你說你都一百多歲了，身體還這麼硬朗，哪有什麼病啊？」

「難道是那個智者騙我不成？」老翁也不願多想，興奮地高喊：「我的病好了，我不用唱了，不用再去找那個醫生了！」

第二天，他死了。

・心靈小棧

對於每一個人來說，生命都只有一次，如何去充實短暫的生命是我們每一個人都要面對的難題。

如何在不損害自己的前提下，以最大的限度去幫助別人。活著是為了自己，更是為了別人，不管是有意還是無意，去尋找生命中的快樂，那才是生命的意義。

真情實意

有四個人到了渡口，要到彼岸去。

這四個人：一個是有錢的人，一個是大力士，一個是有權的人，一個是作家。

他們都要求渡河。

擺渡人說：「你們每一個人，都要把自己最寶貴的東西分一點給我，我才願意載你們過河。誰不給，我就不載。」

有錢人給了點錢，上了船。

大力士舉舉拳頭說：「你吃得了這個嗎？」也上了船。

有權的人說：「你載我過河以後，就別做這份苦差事了，跟著我去做一點輕鬆省力的工作吧！」

擺渡人聽了很高興，扶他上了船。

最後輪到作家開口了。

作家說：「我最寶貴的，就是寫作。不過一時也寫不出來，我唱首歌你聽聽吧！」

擺渡人說：「歌我也會唱，誰要聽你唱的！不過你如果實在沒什麼，唱一首也可以，唱得好，我就載你過去。」

作家就唱了一首歌。

擺渡人聽了，搖搖頭說：「你是在唱什麼，你唱的還沒有他（指有權的）說的好聽。」

說罷，不讓作家上船，篙子一撐，船就離了岸。

這時暮色已濃，作家又餓又冷，想著對岸家中，還有妻兒在等著他回家團聚，不禁一陣心酸，仰天歎道：「我平生沒有做過孽，為什麼就沒有路可走呢？」

擺渡人一聽，又把船靠岸，說：「你這一歎，比剛才唱的好聽，你把你最寶貴的東西——真情實意分給了我。請上船吧！」

作家過了河，心裡很快樂。

他覺得擺渡人說得真好，一個人如果沒有真情實意，是應該無路可走的。

到了第二天，作家想起擺渡人可能已經跟那有權的人走掉了，沒有人擺渡，那怎麼行呢？於是他就自動去做擺渡人，從此改了行。

作家擺渡，不受惑於財富，不屈從於權力；他以真情實意對待渡客，並願渡客以真情實意報之。

過了一些時日之後，作家又覺得自己並未改行，原來創作和擺渡一樣，它目的都是把人載到前面的彼岸去。

・心靈小棧

有渡口就需要有擺渡人。

要將人載到真理的彼岸，擺渡人自身除了修養之外，還需要真情實意。只要你是真心的去幫助別人，為別人指點道路，其實做什麼職業是沒有區別的。

真正的家

在美國洛杉磯，有一個醉漢躺在街頭，警察把他扶起來，一看是當地的一位富翁。

當警察說讓我送你回家時，富翁馬上回答說：「家？我沒有家。」

警察指著遠處的別墅說：「那是什麼？」

富翁說：「那是我的房子。」

在我們這個世界，許多人都認為，家是一間房子或一處庭院。

然而，當你或你的親人一旦從那裡搬走，一旦那裡失去了溫馨和親情，你還會認為那兒是家嗎？對名人來說，那兒是故居；對一般的百姓來講，只能說曾在那裡住過，那兒已不再是家了。

家是什麼？一九八三年，發生在盧安達的一個真實故事，也許能給家作一個貼切的註解。

盧安達內戰期間，有一個叫熱拉爾的人。

他們一家有四十口，父母、兄弟、姐妹、妻兒全都離散喪生了。

最後，絕望的熱拉爾打聽到五歲的小女兒還活著。

輾轉數地，冒著生命危險找到了自己的親生骨肉後，他悲喜交集，將女兒緊緊摟在懷裡，第一句話就是：「我又有家了。」

・心靈小棧

在這個世界上，家是一個充滿親情的地方，它有時在竹籬茅舍，有時在高樓別墅，有時也在無家可歸的人群中。

沒有親情的和被愛遺忘的人，才是真正沒有家的人。

忘記失敗

有一位作家在寫了一部轟動的小說後，備感自豪。

他每天翻看讀者來信，聽溢美之詞，愈發覺得讀者是他的知音，對自己的創作也愈加滿意，並由此總結出許多成功的經驗，想把它們運用到今後的寫作中去。

可事隔多年，作家再也沒能寫出與第一部小說相媲美的作品來，究其原因，竟是他時時在拿過去的成功作比較，致使下筆時投鼠忌器而無法超越自己。

看來，以成功為墊腳石，有時反而會招致失敗。

有一位新報到的中學老師接管了一個誰都不要接的放牛班。這個班級素來便以問題學生多、打架滋事多而聞名全校。

這位新上任的班導師他所做的第一件事，便是在班上當眾銷毀學生檔案，讓那些記載著學生「劣跡」的「文件」付之一炬。

他對學生說：「我不知道你們每一個人的過去，所以大家在我的心中都是平等的，嶄新的，優秀的，請你們珍惜和愛護自己的形象。」

一年後，這個班級以「班風佳、讀書風氣盛」而被評為優等班級。看來，「忘記」失敗，有時反而會使人更有動力的去搏取成功。

• 心靈小棧

人生需要學會忘記。

忘記成功，就不會重複自己，不會自恃優越而失去超越自己的銳氣；忘記失敗，就不會妄自菲薄，不會背負失敗的陰影而影響努力向上的信心。

有所不同

由於學校的課程和自己的喜好不同，進入大學後，他便一天天地消沉。不做作業、蹺課、抽菸、喝酒，不該做的他全做了，不該會的他也全會了。雖然喜歡蹺課，但楊教授的課他一節也沒缺課過。

李教授的課生動有趣，並且像他這樣的問題學生，李教授也從不歧視，還不時提問他幾個簡單的問題，然後表揚一番。

一次，他在作業本上夾了一張紙條：老師，現在的大學生比馬鈴薯還便宜，是嗎？

那天，李教授請他到家裡作客，四菜一湯，師生兩人喝得不亦樂乎。酒到酣處，教授拿出一個馬鈴薯，又小又綠，教授問他說：「你知道它值多少錢嗎？這顆皮多肉少又有毒，就算免費送人也沒有人要。」

教授把馬鈴薯扔進垃圾筒。接著，教授又拿出一個馬鈴薯，一斤多重。教授說：「你猜這樣的馬鈴薯，多少錢一斤，六塊錢一斤！」

教授略帶酒意的說：「記住，同樣是馬鈴薯，但是它的價值卻是不一樣的！」

・心靈小棧

物以類聚，人以群分。細細品味，正是物有三等價，人有上中下。生物學上稱之為「物種多樣性」。人與人相比，存在著差異。決定孰優孰劣，更重要的是看和誰比。

與上相比，才能激發上進之心，消除自卑；與下相比，往往不是自傲，就是不滿。

真正的朋友

古希臘有一個叫皮西厄斯的年輕人，冒犯了暴君奧尼修斯。他被推進了監獄，即將處死。

皮西厄斯說：「我只有一個請求，請讓我回家鄉一趟，向我親愛的家人朋友告別，然後我一定回來伏法。」

暴君聽完，笑了起來：「我怎麼知道你會不會遵守承諾呢？我想，你只是想騙我，想逃命罷了。」

這時，一個名叫達芒的年輕人說：「噢，國王！把我關進監獄，讓我代替我的朋友皮西厄斯，讓他回家鄉看看，處理一些事情，並向親友們告別。我知道他一定會回來的，因為他是一個從不失信的人。假如他在您規定的那天沒有回來，我情願替他死。」

暴君很驚訝，居然有人這樣自告奮勇，最後他同意讓皮西厄斯回家，並下令把達芒關進監牢。

光陰流逝，不久，處死皮西厄斯的日期接近了，他卻還沒有回來。暴君命令獄吏嚴密看守達芒，別讓他逃掉了。但是達芒並沒有打算逃跑，他始終相信他的朋友是誠實而守信用的。

他說：「如果皮西厄斯沒有準時回來，那也一定不是他的錯。那一定是因為他身不由己，受了阻礙不能回來。」

這一天終於到了，達芒做好了被處死的準備。

他對朋友的信賴依然堅定不移。他說，為自己敬佩的人去死，他不悲傷。獄吏前來帶他去刑場，就在這時，皮西厄斯出現在門口，因為暴風雨和船隻遇難使他耽擱了。

他一直擔心自己來得太晚，他親熱地向達芒致意，達芒很高興，因為他終於準時回來了。

暴君還不算大壞，還能看到別人的美德。

他認為，像達芒和皮西厄斯這樣互相尊重、互相信賴的人不應該受到不公正的懲罰。

於是，暴君就把他倆人釋放了。

暴君對著眾人說：「我願意用我的全部財產，換取這樣一位朋友。」

・心靈小棧

細細品味人生，有幾個知心好友是件多麼美妙的事情。回憶當年，同在夏天夜空下細數星星的玩伴如今又都在哪裡？在你孤獨疲憊的時候，何不重接起那風箏的斷線呢？

愛的呼喚

法國巴黎聖馬丁大教堂附近，每日遊客如雲，一個盲人在此乞討。他的面前擺著一張紙條，上面寫著「我一出生就喪失了視力」的字樣。紙條上邊擺著一頂破帽子，但並沒有多少人給他錢。

一個美國遊客來到這裡遊玩，見此情景就和他的法國朋友打賭，說有辦法讓那乞丐的帽子裡裝滿錢。

法國朋友自然不相信，然後這位從事推銷工作的美國遊客就走上前去、把乞丐的紙條翻過來，在上面重新寫了幾句話。

說來真怪。自從新句子擺出來之後，沒一會兒帽子中就裝滿了錢。

紙條上是這樣寫的：

「春天來了，各位到此欣賞美景一定很快樂，而我卻什麼也看不見。因為不管我是多麼渴望，我還是一出生就失去了光明。」

・心靈小棧

當你對生活中最美好的事物抱有希望，你就會把它吸引到自己的身邊；那麼，現在就對那萬事萬物中最美好的一切滿懷期待吧！期盼它們的到來。

在這個世界上，唯一可以將我們的注意力重新喚起的，就是潛藏在我們心底的愛。

聖人與魔鬼

曾經有個畫家很想畫耶穌，但找不到一位純真的人來做模特兒。於是他想到了修道院裡的修士，並得以如願。聖像完成後，畫家一夜成名財源廣進，那位修士也被酬以重金。後來，有人對已成為畫聖的畫家說：「你畫出聖人耶穌，就該再畫出魔鬼撒旦才對。世上怎會只有聖人而不見魔鬼呢？」

畫聖擊掌稱妙並在監獄中找到了合適的對象。

誰知那位即將被畫成魔鬼的犯人面對畫聖失聲痛哭道：「你以前畫的聖人就是我，想不到你現在畫魔鬼找的還是我！」

畫聖大驚失色：「這怎麼可能呢？」

那人悲從中來：「我得到了那筆錢後再也無心悟道，便一味地去尋歡作樂。錢用光了，欲望卻已遏制不住，只好去偷、去搶、去騙……最後被捕入獄。」

畫聖棄筆長歎，無言而去。

・心靈小棧

那位修道院裡的修士，潛心修習過，他的純真甚至可以用來做耶穌的化身。

但就是這麼個幾近一塵不染的人，自從貪圖享樂之後竟也難以自持，被驕奢淫逸摧毀了多年修築的堤防。

看來，耶穌和撒旦只是一念之差，聖人與魔鬼僅一步之遙！

經驗

有位船長有一流的駕船技術，他曾駕著一艘簡陋的帆船在颱風肆虐的大海中漂泊了半個月，最終死裡逃生。後來，他有了一艘機輪船，他又多次駕駛著它航行幾千里，縱橫海洋。漁民們都稱他為「船王」。

船王有一個兒子，他是唯一的繼承人。船王對兒子的期望很高，希望兒子能掌握駕船的技術，開好他買下的這條船。船王的兒子也很用心的學習駕駛技術，到了成年，他駕駛機輪船的技術也已十分豐富了。

於是船王便很放心的讓他一個人出海。可是，他的兒子卻再也沒有回來，還有他的船。

他的兒子死於一場颱風，一次對於漁民來說是十分微不足道的颱風。

船王十分傷心的說：「我真不明白，我的駕船技術這麼好，我的兒子怎會這麼差勁？我從他懂事起就教他如何駕船，從最基本的教起，告訴他如何應付大海裡的暗流，如何識別颱風的前兆，又如何採取應急措施。凡是我經年積累下來的經驗，都毫不保留地傳授給他了。為什麼他卻在一個很淺的海域內喪生呢？」

漁民們聽後紛紛的安慰他。

可是有位老人卻問：「是你親自教他開船的嗎？」

「是的。為了讓他掌握技術，我教得很仔細。」

老人又問：「他一直跟著你嗎？」

「是的。我兒子從來都沒有離開過我。」

老人說：「這樣說來，你也有過錯啊！」

船王不解，老人說：「你的過錯已經很明顯了。你只傳授給他技術，卻不能傳授給他教訓。對於知識來說，沒有教訓作為根基，知識只能是紙上談兵。」

・心靈小棧

老人的一席話，真是令人茅塞頓開。

看來，人還得掌握一些經驗的教訓，空有一腦子的技術理論，紙上談兵還是不行的。船王何曾想到兒子終有離開自己的一天，自己也曾在颱風天的大海中漂泊逃生。諸葛揮淚斬馬謖，不就是因為馬謖行軍經驗不足，空有謀略嗎？

難忘的真誠

多年前，有位好友在美國旅遊，逛到百貨公司的皮鞋部，在入口處有一堆鞋子，上面標示著「超級回饋大特價，全面一折即可帶回」。

她瞥見有雙漂亮的大紅鞋，拿起來一看，簡直令人不敢相信，原價七十美元的鞋子，只要七美元。

她試了試覺得皮軟質輕，實在是完美無瑕，她真是樂不可支。

更巧的是，身上的大紅外套，倒像是為了這雙鞋而訂做的。

她把鞋捧在胸前，然後趕快招手呼喚售貨小姐。

售貨人員笑咪咪地走過來：「您好！這雙鞋配您的紅外套正好呢！能不能再讓我看一下。」

我的朋友把鞋子交給她，不禁擔心的問了起來：「有什麼問題嗎？價錢不對嗎？」

那位售貨小姐趕緊安慰她說：「不！別擔心，我只是要確認一下是不是那兩隻鞋。嗯，確實是！」

我的朋友問：「什麼叫兩隻鞋，明明是一雙啊！」

那位誠實的售貨小姐說：「既然您這麼中意，而且也打算買了，我一定要告知您一下，把真實的情況向您說明，請到旁邊坐。」

她帶著我的朋友避開擁擠的人潮，到僻靜的角落坐下，以便不受干擾，好好思考再作決定。

她開始解釋：「非常抱歉！我必須讓您明白，它真的不是同一雙鞋，而是相同皮質，尺寸一樣，款式也相同的兩隻鞋。

您仔細比較一下，雖然顏色幾乎一樣，但是，還是有一些色差；我們也不知道是否以前賣鞋時，售貨員或顧客弄錯了，各拿一隻，所以，剩下的左、右兩隻正好又可湊成一雙。

我們不能欺騙顧客，免得您回去發現真相以後，後悔而責怪我們，如果您現在知道了而放棄，您可以再選別的鞋子。」

這真摯的一席話，哪有不讓人心軟的！更何況，穿「兩隻鞋」又不是立正齊步走，或是讓人蹲下仔細對比兩邊色澤。

我的朋友心裡愈想愈得意，除決定買那「兩隻」鞋外，不知不覺又買了「兩雙」鞋。

時過幾年，那雙鞋仍是她的最愛。

每當有其他朋友誇讚那雙鞋顏色漂亮時，這位大嘴巴永遠不厭其煩地訴說那個動人的故事。

・心靈小棧

誰也不願意被別人當傻瓜，尤其是花錢的顧客。讓顧客快樂的方法有很多，其中之一，或許是讓顧客笑著對您說：「您真誠實！」

新的創意

吉田正夫在菲律賓旅遊的時候，看到一種成雙成對地在石堆裡寄生的小蝦。他對牠們很好奇。細問之後才知道，這是生長在南方海邊的小蝦，自幼鑽進石堆裡度過牠們的一生。

販蝦者稍加裝飾後，作為玩賞的小動物出售，但生意平淡。吉田正夫細心觀察後，覺得這是一個值得發掘的好材料。

他想：這一對對從一而終的小蝦，是愛情專一不變的實證，正好可以作為人世間夫妻永遠幸福美滿的象徵。

商人敏銳的嗅覺使他很自然地聯想到：體態矯健而寓意深刻的對蝦，經過適當的加工、裝飾，將是一種很有創意的商品。

吉田正夫返回東京後，經過一番籌措，立即開辦了一個結婚禮品商店，專賣這種對蝦。幾天後，一盤盤以假山為襯托的蝦巢取名為「偕同老穴」，加上幾句關於小蝦從一而終，白頭到老經歷的簡短說明，成功地激發了新婚夫婦的興趣。

一時之間，小對蝦成為東京市場上最為暢銷的一種結婚禮品。該店隨即迅速增設了十個分店，仍遠遠供不應求。

・心靈小棧

重視你的創新思想，敢於以強烈的內心渴求，對世界上原有的事物進行重新的認識。

這好比是挖井，別人雖然曾經挖過，但由於碰到了石頭或挖的深度不夠，半途而廢，而你只要搬掉石頭或繼續向下挖，到了一定的深度，就有可機會找到水源。

善用自己的優點

中學時，小洪的體格健碩，人也聰明。美中不足的是，他右眼的黑眼珠好像被風吹散了，被雲遮住了。

他深知自己的缺陷，整天木訥寡言，跟同學很少有互動，他自卑極了。但是他不甘消沈，他考上大學，屢屢奪得獎學金，也屢屢被評為模範生，後來他成功的競選上了學生會的會長，他那木訥、畏縮的形象再也不見了。

前些日子開同學會，朋友遇到了他和他漂亮的妻子。他儒雅高貴，氣度非凡，讓朋友們驚艷了好一會兒。

小洪現在當了研究生，又攻讀了博士學位，已是某研究單位的學科帶領人。

席間，小洪勸酒說：「我出一個腦筋急轉彎，你們猜對了，我喝酒；猜不對，你們喝酒。

一隻醜陋的毛毛蟲爬著爬著遇見一條大河，沒有橋，但牠過去了——請問牠是怎麼過去的？」

大家想了半天，腦筋轉不過來，只好罰酒了。臨別時，大家求他說：「告訴我們吧！那隻毛毛蟲，牠是怎麼過去的？」

小洪笑了笑，回答：「飛過去的——因為牠變成蝴蝶了。」

・心靈小棧

你是一個很不錯的人，你應該珍惜你的優點，你要把周圍一切良好的條件發掘出來。如果你能做到，即使你曾經是一條毛毛蟲，你也會變成一隻彩蝶，克服時間和空間的障礙。

重新擁有

一位老人在高速行駛的列車上，一隻新鞋子不小心從車窗掉了出去，旅客發出一片惋惜聲。

只見老者立即把第二隻鞋扔出去，眾人大吃一驚。老人卻平和地說，留下一隻鞋無論多麼昂貴都沒有意義，如果能撿到一雙鞋，或許它還有點價值。

・心靈小棧

老人對待失去東西的態度，以及判斷價值的思路，都值得引為借鑒。許多人都有過失去某種重要的或心愛的東西的經驗，也大都在心裡埋下了陰影，總是沉緬於已經不存在的東西，面對失去缺乏一份健康的心態。與其抱殘守缺，不如果斷地放棄。事物的價值不在於誰擁有，而是在於如何物盡其用。因為失去而懊惱，不如考慮怎樣才能重新獲取。

Chapter 02
信念

在人生旅途中，不時穿插崇山峻嶺般的起起伏伏，
時而風吹雨打，困頓難行；時而雨過天晴，鳥語花香。
總希望能夠振作精神，克服困難，繼續奔向前程。
在那山頭上，孕育著人生的新希望。

——（日）松下幸之助

拍賣會上的小提琴

曾經有過一場被視為破爛拍賣會的拍賣。拍賣商走到一把小提琴旁——這是一把看起來非常舊、非常破、外表磨損得非常厲害的小提琴。

拍賣商拿起小提琴，撥了一下琴弦，結果發出的聲音跑掉了，難聽得要命。他看著這把又舊又髒的小提琴，皺著眉頭、毫無熱情地開始出價。

十美元……沒人舉手。

他把價格降到五美元，還是沒有反應。

他繼續降價，一直降到五毛錢。他說：「五毛錢，五毛錢。我知道它值不了多少錢，可是只要花美金五毛錢就能把它拿走！」

就在這時，一位頭髮花白、留著長長白鬍子的老先生走到前面來，問他能否看看這把琴。

他拿出手絹，把灰塵和污漬從琴上擦去。他慢慢撥動著琴弦，一絲不茍地對每一根弦調音。然後他把這個破舊的小提琴放到下巴上，開始演奏。

從這把琴上演奏出的音樂是現場許多人聽過的最美的音樂，美妙的樂曲和旋律從這把破舊的小提琴上流淌出來。

拍賣商又問起價是多少。有一個人說一百美元，另一個人舉手說二百美元，然後價格就一直飆升，直到最後以一千美元成交。

・心靈小棧

為什麼有人肯花一千美元買下一把破舊的、曾經連五毛錢都沒人買的小提琴？因為它已經被調準了音，能夠彈出優美的樂曲。

其實人就好像是把小提琴，你的心態好比琴弦，調整好了心態，才能充分發揮你的潛能。

黑色的氣球

一天，幾個白人小孩正在公園裡玩。這時，一位賣氫氣球的老人推著貨車進了公園。白人小孩一窩蜂地跑了上去，每個人都買了一個氣球，接著興高采烈地追逐著放飛的氣球後就都跑開了，在白人小孩的身影消失後，基恩——一個黑人小孩，才怯生生地走到老人的貨車旁，用略帶懇求的語氣問道：「您能賣給我一個氣球嗎？」

「當然可以，」老人慈祥地打量了他一下，溫和地說，「你想要什麼顏色的？」

他鼓起勇氣說：「我要一個黑色的。」

臉上寫滿滄桑的老人驚訝地看了看這個黑人小孩，隨後遞給了他一個黑色的氣球。

他開心地接過氣球，小手一鬆，氣球在微風中冉冉升起。

老人一邊看著上升的氣球，一邊用手輕輕地拍了拍基恩的後腦勺，說：「記住，氣球能不能升起，不是因為它的顏色、形狀，而是因為氣球內充滿了氫氣。一個人的成敗，不是因為種族、出身，關鍵是在你的心中有沒有自信。」

• **心靈小棧**

這個世界是由自信心創造出來的。

充分的自信，是讓事業成功的一個重要條件。

你行的

薩克是日本某市的居民。在他十幾歲的時候，他就常常憧憬自己有朝一日能夠去美國，他說：「我的腦海裡常常出現這樣一幅美國家庭生活的畫面：父親坐在客廳中央看報，母親在忙著烘烤糕點，他們十九歲的女兒正在精心打扮，準備和男友一塊去看電影。」

薩克終於能夠如願的在加州完成他的大學學業。但是當他到那裡時，卻發現那裡與他夢想中的世界卻大相徑庭。「人們被各種的麻煩事情所困擾，每個人看上去都充滿緊張而神經緊繃，」他說，「我感到孤獨極了。」

最讓他感到頭痛的課程之一是體育課。「我們打排球。其他的學生都打得很棒，只有我不行。」一天下午，體育老師示意薩克將球傳給隊員，以便讓他們接受扣球訓練。最簡單不過的一件事卻讓薩克膽怯了。他擔心失敗後將遭到隊友的嘲笑。這時，一個年輕人大概體會到了他的心境。「他走上來對我小聲說：『來，你行的！』你也許永遠都不能體會到這短短的一句話多麼令我振奮。我幾乎快要感動得哭出聲來。我整節課都在傳球，也許是為了感激那個年輕人，我自己也說不清。」薩克說。

六年過去了。薩克二十七歲，他又回到了日本當起了推銷員。

「我從未忘記過這句話，」他說，「每當我感到膽怯時，我便會想起那句話——你行的。」他確信，那個年輕人一定不知道，他那簡單的一句話，對他來說意味著什麼。「他也許根本就不記得了。」

他此後一直在日本，然而他始終記得這麼一句話：「你行的。」

• 心靈小棧

信念是人生旅途中的一顆明珠，既能在陽光下熠熠發亮，也能在黑夜裡閃閃發光。充分相信自己「行」你就會變得強大起來。

球王的疑惑和恐懼

球王比利的名聲，早已成為世界眾多足球迷所稱道，但是在他年少時得知自己入選巴西最有名氣的桑托斯足球隊時，竟然緊張得一夜未眠。他翻來覆去地想著：「那些足球明星們會嘲笑我嗎？萬一發生那樣尷尬的情形，我有臉回去見家人和朋友嗎？」

他甚至還無端的猜測：「即使那些足球明星願意與我踢球，也不過是想用他們絕妙的球技，來反襯我的笨拙和愚昧。如果他們在球場上把我當作戲弄的對象，然後把我當白癡似的轟出球場，那該怎麼辦？」

一種前所未有的疑惑和恐懼讓比利寢食不安，因為他根本就對自己缺乏自信。分明自己是同齡人中的佼佼者，但憂慮和自卑，卻使他處於疑惑和恐懼之中，不敢真正邁向自己渴求已久的目標。比利終於身不由己地來到了桑托斯足球隊，那種緊張和恐懼的心情，簡直無法形容。

「正式練球開始時，我已嚇得幾乎快要癱瘓。」他說他就是這樣進入一支著名球隊。原以為剛進球隊只不過練練盤球、傳球什麼的，然後便肯定會當板凳隊員。哪知第一次，教練就讓他上場，還讓他踢主力中鋒。緊張的比利半天沒回過神來，雙腿像長在別人身上似的，每次球滾到他身邊，都好像看見別人的拳頭向他擊來。

在這樣的情況下，他幾乎是被硬逼著上場的，而當他一旦邁開雙腿，便不顧一切地在球場上奔跑起來，他漸漸忘了是跟誰在踢球，甚至連自己的存在也忘了，只是習慣性地接球、盤球和傳球。在快要結束訓練時，他已經忘了桑托斯球隊，而以為又是在故鄉的球場上練球。那些使他深感畏懼的足球明星們，其實並沒有任何人輕視他，相對的對他相當友善。如果比利的自信心稍微強一些，也不至於受那麼多的精神煎熬。問題是比利從小就沒自信，對自我的要求又很高，以至於難以滿足。他之所以會產生緊張和自卑，完全是因為把自我要求看得太重。

一心只顧慮別人將如何看待自己，而且還是以極苛刻的要求為衡量標準。這又怎能不導致怯懦和自卑呢？要知道極度的壓抑會淹沒本身所具有的才氣和天賦。

・心靈小棧

透過專注的力量，忘掉自我，保持一種泰然自若的心態，是克服緊張情緒，戰勝自卑心理的法寶。

自卑的女孩

麗莎是來自美國阿肯色州的學生，也是她所居住的鎮裡，唯一能到哈佛讀書的人。在她準備啟程到哈佛大學前，當地的人都為她能到哈佛上學而感到自豪，她自己也慶幸能有這樣好的機遇。但是，麗莎的雀心情都還沒過，就覺得對自己的感覺越來越糟糕了。她在哈佛過得很辛苦，上課聽不懂，說話帶土音，許多大家都知道的事，自己卻一無所知，而許多她知道的事，大家卻又覺得好笑。她開始後悔自己到哈佛來。她不明白自己為什麼要到哈佛來受這份羞辱，同時更加懷念在家鄉的日子，在那裡，沒有人瞧不起她。感到孤獨無比的麗莎，覺得自己是全哈佛最自卑的人。無奈之下，她求助於心理諮詢。

心理醫生對她是這樣診斷的：她已跨入了個人成長的「新世紀」，可是她對已經過去了的「舊世紀」仍戀戀不忘又依依不捨。

她對於生活的種種挑戰，並不是想盡辦法去加以適應，而是縮在一角，驚恐地望著它們，哀歎自己的無能與不幸。她對於能來哈佛上學，這一光耀門楣的成就已感到麻木不仁。她的眼睛只盯著當前的困難與挫折，沒有信心再去造就一次人生的燦爛與輝煌。她習慣了做羊群中的駱駝，不甘心做駱駝群中的小羊。

她以高中生的學習方式，去應付大學生的學習要求，自然是格格不入，但是她仍抱殘守缺，不知如何改變。她因為自己來自小地方，說話土裡土氣，做事傻裡傻氣，就認定周圍的人在鄙視她，嫌棄她。可是她沒有意識到，正是因為她為自己的自卑而築起的城牆，才使周圍人無法接近她，幫助她。她生長在中南部地區，來東海岸的波士頓求學，面臨的是一種鄉鎮文化與都市文化的衝突，她沒有想到，哈佛對她來說，不僅是知識探索的殿堂，也是文化融合的熔爐。

她身材瘦小，長相平庸，多年來唯一的精神補償就是學習出色。可是眼下，面臨來自世界各地的「資優學子」，她已再無優勢可言。

在這裡與其他同學相較起來，她的長相平庸，在學習上又不出色，這就徹底打破了她多年來的心理平衡點，使她陷入了空前的困惑中。

她悲歎自己來哈佛是個錯誤。但她忘了，多年來，正是進入哈佛這個夢想在支撐著她的精神。她雖然戰勝了許多競爭對手進入哈佛大學求學，卻在困難面前輸給了自己的妄自菲薄。她怨的全是別人，歎的全是自己。難怪她會在哈佛有自卑的感覺。她唯有跳出往日閃耀的光環，全心投入「新世紀」，才能重新振作起來。

總而言之，麗莎的問題癥結就在於：她往日的心理平衡點被徹底的毀滅了，她需要在哈佛大學，重新建立新的心理平衡點。為此，心理醫生對她採取了三個諮詢步驟。

第一個步驟是：幫助她宣洩不良情緒，調整她的心態，使她能夠積極地面對新生活。麗莎會陷入自卑的沼澤中，是因為她自己認定自己是全哈佛最自卑的人，這說明她過於擴大自己精神痛苦的程度，看不到自己在新環境中生存的價值。所以心理醫生一方面承認她當前面臨的困難，是她人生中前所未有的，所以她反映出來的情緒也是很自然的。同時，心理醫生告訴她，對哈佛的不適應，而產生種種焦慮與自卑反應，這在哈佛很普遍，並非只有她一個人。這使麗莎產生了「原來很多人也和我一樣」的平常感。

第二個步驟是：竭力引導麗莎把比較的視野，從別人身上轉向自己。

麗莎的自卑是在與同學的比較中形成的，她感到自己處處不如別人，事事都不順心，因而覺得自己好像是天鵝群中的醜小鴨。她在來哈佛大學前，學習成績一直很好，但到哈佛後，最好的成績也只不過是勉強及格而已。以前，一直都是別人向她請教，但現在，卻是她要經常向別人請教。因此，麗莎當初那份引以為傲的自信已蕩然無存。原先，麗莎一直是老師們心目中的得意門生，校園裡的風雲人物，眾人羨慕的對象。可是如今，她已成為校園裡最不起眼的人物。

這一連串的心理反差，使麗莎產生了，自己是哈佛大學多餘的人的悲歎。她沒有意識到，自己之所以會有這樣的心理反差，是因為以往與同學的比較中，她獲得的儘是自尊與自信；但現在與同學的比較中，她獲得的儘是自卑與自憐。

所以，心理醫生竭力讓麗莎懂得在新的環境裡，學會多與自己比，而不與別人比。如果一定與別人比的話，還要透視到別人在學習成績、意志等方面不如自己的一面。

接下來，心理醫生開始幫助麗莎採取具體行動，釐清學習中的具體困難，並制定相應的學習計畫加以克服和改進。同時，讓麗莎參加了一個哈佛外地學生組成的學生生活問題電話熱線，讓麗莎在幫助其它同學的同時，也結交了不少新的知心朋友，更重要的是，麗莎在幫助他人的過程中，重新感到自信心在增長，感到哈佛大學需要她，她不再是哈佛大學多餘的人了。

• 心靈小棧

只要消除自卑感，充滿信心地進行努力，你就能克服一切障礙，適應任何環境！

固執

三百多年前，建築設計師克理斯托・萊伊恩受命設計了英國溫澤市政府大廳。他運用工程力學的知識，並依據自己多年的經驗，巧妙地設計了只用一根柱子來支撐大廳的天花板。一年以後，市政府權威人士進行工程驗收時，卻說只用一根柱子支撐天花板太危險，要求萊伊恩再多加幾根柱子。

萊伊恩自信只要一根堅固的柱子，就足以保證大廳安全，他的「固執」惹惱了市政官員，險些被送上法庭。萊伊恩非常苦惱，若堅持自己原先的主張，市政官員肯定會另找他人修改設計；不堅持呢？又有悖自己為人的準則。內心掙扎了很長一段時間，萊伊恩終於想出了一條妙計，他在大廳裡增加了四根柱子，不過這些柱子並未與天花板接觸，只不過是裝裝樣子。

三百多年過去了，這個祕密始終沒有被人發現。直到前兩年，市政府準備修繕大廳的天花板，才發現萊伊恩當年的「弄虛作假」。消息傳出後，世界各國的建築專家和遊客雲集，當地政府對此也不加掩飾。在二十世紀末，特意將大廳作為一個旅遊景點對外開放，旨在引導人們崇尚和相信科學。

‧心靈小棧

身為一名建築師，萊伊恩並不是最出色的。但身為一個人，他無疑是非常偉大，這種偉大表現在他始終恪守著自己的原則，給高貴的心靈一個美麗的住所，哪怕是遭遇到最大的阻力，也要想辦法抵達勝利。

保持自己的自信，堅持自己的原則，不一定要損傷別人的面子，你可以做得更藝術些。

承認自己的缺點

阿弗烈德．艾德勒小時候，有天早上醒來，突然發現他弟弟死在床上，而且就在他身旁。這一驚嚇使他下了終生守之不渝的決心：做個醫生，和死神搏鬥。

艾德勒行醫之初，又偶然發現一連串現象，從而使他對人類解剖醫學有重大發現。他解剖屍體時，注意到以前並沒特別受人注意的種種情況。

他發現一具死屍的心臟大得異乎尋常，同時發現有一邊的心臟瓣膜堵住了，血液不能充足流到肺臟裡去。那心臟是為了應付這種缺陷而變大的嗎？

一具死屍裡有病的腎已經割掉，他發現剩下的那個腎也比正常人的大得多。他又發現一邊的肺葉因病萎縮，另一邊肺葉就可能變得更有力量。

這些健全的器官，豈不正是想彌補不健全器官，所失去的功能嗎？骨頭斷了，會長出厚的骨痂，為的是使骨頭比以前更結實嗎？這些現象一再出現，彷彿人體自有其規律：為了自保，本能地以強補弱。

艾德勒進一步研究下去，開始到各美術學校去測驗學生的視力。結果發現學生百分之七十以上視力都很差，只不過程度不同罷了。視力既然不好，這些學生為什麼還偏要選擇必須用眼力的學習呢？他發現這些學生從小就感覺到視力欠佳，因此特別努力，要使自己比別人看得更清楚，更敏銳。

他們訓練自己的觀察能力，培養用眼睛看的樂趣，結果對視覺世界的興趣比普通人大。艾德勒又去研究大畫家的生平，發現其中許多眼睛都有缺陷。眼睛不好而偏要做畫家的人，何以這樣多呢？難道也是受他在解剖屍體時，發現的那條造化補償缺陷規律驅使嗎？

他又去研究盲人，證實盲人的聽覺、觸覺和嗅覺都特別靈敏。布魯克納、法朗次、史麥塔納和貝多芬等音樂大師，所以特別熱衷致力於聲音之美，有部分是因為他們聽覺有缺陷。貝多芬是出乎意料之外的例子，他的聽覺從小就有功能性的缺陷，二十八歲時聽覺已經是接近喪失的邊緣。又過了四年之後，如果不用助聽器，連整個樂隊的聲音都聽不清楚。就在那年，他寫出美妙的第二交響曲。耳朵全聾之後又寫出更優美的英雄交響曲、月光奏鳴曲和第五交響曲。全聾了二十五年，最後居然還寫出不朽的第九交響曲。

艾德勒的研究，不知不覺從生物學轉入神經醫學，又從神經醫學轉入心理學，就是從功能性缺陷的生理補償而研究到心理補償。不過到那時候為止，他所注意到的各種補償都只是無意識的，人的意志並沒發揮作用。

於是他開始研究較為不明顯的實例。巴斯德就是好例子。因為中風，腦子裡控制言語的那部分損壞了，憑著莫大的毅力，痛苦地慢慢奮鬥，終於在腦子裡發展出新的言語神經中心。

艾德勒發現了好幾百個相同的實例：小時候孱弱，長大成了有名的大力士；從前不良於行，後來成了芭蕾舞星；患過肺癆，卻成了聲樂家等等。

這些人拼命奮鬥，要克服他們的弱點，結果培養出超乎尋常的能力。這並不是造化在盲然補償，而是人的意志在發揮作用。

他漸漸發現，這彷彿是定律，彷佛人往往會為了早期的弱點，而努力去獲得他們奮力以求的成就。

也彷佛人必須有個欄杆才會跳過去；欄杆越高，跳得也越高。

・心靈小棧……………………………

一旦你徹底分析自己，承認自己最大的缺點，再設法去補救，就能夠做出使自己驚訝的成績。

一招就夠

有一個十歲的小男孩，在一次車禍中失去了左臂，但是他很想學柔道。最終，小男孩拜一位日本柔道大師做了師父，開始學習柔道。他學得不錯，可是練了三個月，師父只教了他一招，小男孩有點兒弄不懂了。

他終於忍不住問老師：「我是不是應該再學學其他招？」

師父回答說：「沒錯，你的確只會一招，但你只需要這一招就夠了。」

小男孩並不是很明白，但他很相信師父，於是就繼續照著練了下去。

幾個月後，師父第一次帶小男孩去參加比賽。小男孩自己都沒有想到居然輕輕鬆鬆地贏了前兩輪。第三輪稍微有點兒困難，但對手還是很快變得有些急躁，連連進攻，小男孩敏捷地施展出自己的那一招，又贏了。就這樣小男孩糊裡糊塗地進入了決賽。

決賽的對手比小男孩高大、強壯許多，也似乎更有經驗。小男孩顯得有點兒招架不住，裁判擔心小男孩會受傷，就叫了暫停，還打算就此終止比賽，然而師父不答應，堅持說：「繼續下去。」

比賽重新開始後，對手放鬆了警惕，小男孩開始使出他的那一招，制服了對手，並贏得了比賽，得了冠軍。

回家的路上，小男孩和師父一起回顧每場比賽的每一個細節，小男孩鼓起勇氣道出了心理的疑問：「師父，我怎麼就憑著一招就贏得了冠軍？」

師父答道：「有兩個原因：第一，你幾乎掌握了柔道中最難的一招；第二，就是你已經把這招練得爐火純青了。據我所知，對付這一招唯一的辦法是對手抓住你的左臂。」

・心靈小棧

「長、短」和「高、低」都是相對的。有的時候，人的劣勢未必就是劣勢，只要正確看待自己，充分發揮自己的特長，最大的劣勢可能反而會變成最大的優勢。

矮個子的優勢

曾長期擔任菲律賓外長的羅慕洛穿上鞋子時，身高也只有一・六三米。原先，他與其他人一樣，為自己的身材而自慚形穢。年輕時，也穿過高跟鞋，但這種方法終令他不舒服，是精神上的不舒服。他感到自欺欺人，於是便把它給扔了。後來，在他的一生中，他的許多成就卻與他的「矮」有關，也就是說，矮倒促使他成功。以至於他說出了這樣的話：「但願我生生世世都做矮子。」

一九三五年，大多數的美國人尚不知道羅慕洛為何許人也。那時，他應邀到聖母大學接受榮譽學位，並且發表演講。那天，高大的羅斯福總統也是演講人之一，事後，他笑吟吟地怪羅慕洛「搶了美國總統的風頭」。更值得玩味的是，一九四五年，聯合國創立會議在三藩市舉行。羅慕洛以無足輕重的菲律賓代表團團長身份，應邀發表演說。講臺差不多和他一般高。等大家靜下來，羅慕洛莊嚴地說出一句：「我們就把這個會場，當作是最後的戰場吧！」這時，全場頓時寂靜片刻之後，接著爆出一陣掌聲。最後，他以「維護尊嚴、言辭和思想比槍炮更有力量……唯一牢不可破的防線是互助互諒的防線」結束演講時，全場響起了如雷的掌聲。後來，他分析道：如果大個子說這番話，聽眾可能客客氣氣地鼓一下掌，但菲律賓那時離獨立還有一年，自己又是矮個子，由他來說，就有意想不到的效果。從那天起，小小的菲律賓在聯合國裡，就被各國當作資格十足的國家了。

由這件事，羅慕洛認為矮個子比高個子，更具有天賦的優勢。矮個子起初總被人輕視，後來，有了表現，別人就覺得出乎意料，不由得佩服起來，在人們的心目中，成就就格外出色，以致於平常的事一經他手，就似乎成了破石驚天之舉。

・心靈小棧

縱然存在一些缺點，仍有成功的機會。只要你能認清自己的缺點，積極努力超越缺點，甚至可以把它轉換為自己的發展機會。

勝利的祕訣

拿破崙的父親是一個高傲，但是窮困的科西嘉貴族。父親把拿破崙送進了一個在布列訥的貴族學校，在這裡與他往來的，都是一些在他面前極力誇耀自己富有，而譏諷他窮苦的同學。這種一致譏諷他的行為，雖然引起了他的憤怒，而他也只能一籌莫展的，屈服在威勢之下。

後來實在受不了，拿破崙寫信給父親，說道：「為了忍受這些同學的嘲笑，我實在疲於解釋我的貧困，他們唯一比我好的也只是金錢；至於說到高尚的思想，他們是遠在我之下的。難道我應當在這些高傲的富家公子之下，繼續謙卑下去嗎？」

「我們沒有錢，但是你必須在那裡讀書。」這是他父親的回答，因此使他忍受了五年的痛苦。但是每一次的嘲笑，每一次的欺侮與每一次的輕視態度，都使他更加的下定決心，發誓要做給他們看看，他確實是他們比更加優秀的。他是如何做到的呢？這當然不是一件容易的事，他一點也不空口自誇，他只在心裡暗暗計畫，決定利用這些沒有頭腦卻傲慢的人做為自己的警惕，去鼓勵自己更加的努力學習技能與知識。

等他到了部隊時，看見他的同伴正在用多餘的時間，追求女人和賭博時。他那受人嘲笑的身材使他決定改變方針，用埋頭苦讀的方法，去和他們競爭。讀書是和呼吸一樣自由的，因為他可以不花任何費用，就能在圖書館裡借書讀，這使他得到了很大的收穫。他並不是讀沒有意義的書，也不是專以讀書來排解自己的煩惱，而是為自己將來的理想做準備。他下定決心要讓全天下的人知道自己的才華。

因此，在他選擇書籍時，也就是以這種決心做為選擇書籍內容的標準。他住在一個既小又悶的房間內。在這裡，他面無血色，孤寂，沉悶，但是他卻不停地讀下去。他想像自己是一個總司令，將科西嘉島的地圖畫出來，地圖上清楚地指出哪些地方應當佈防，這必需用數學的方法精確地計算出來。

因此，他數學的能力獲得了提昇，這使他第一次有機會表示他能做什麼。他的長官得知拿破崙的學問很好，便派他在操練場上執行一些工作，這是需要極複雜的計算能力的。因為長官交代給他的工作做得極好，於是他又獲得了新的機會，拿破崙開始走上有權勢的道路了。這時，一切的情形都改變了。

從前嘲笑他的人，現在都湧到他面前來，想分享一點他得的權勢；從前輕視他的，現在都希望成為他的朋友；從前揶揄他是一個矮小、無用、死讀書的人，現在也都改為尊重他。他們都變成了他的忠心擁戴者。

難道這是天才所造成的奇特改變的嗎？抑或是因為他不停的努力，而得到的成功呢？他確實是聰明，他也確實是肯下工夫，不過還有一種力量比知識或苦讀來得更為重要，那就是他那種想超越戲弄他的人的野心。

假使他那些同學沒有嘲笑他的貧困，假使他的父親允許他退學，他的感覺就不會那麼難堪。他之所以能成為這麼偉大的人物，完全是由他的一切不幸所造就的，他學到了由克服自己的缺憾而得到勝利的祕訣。

・心靈小棧

凡是偉大的人物，從來不承認生活是不可改造的，他也許會對他當時所處的環境不滿意，不過他的不滿意不但不會使他抱怨和不快樂，反而會讓他充滿一股熱忱想闖出一番事業來。

偉大的推銷員

二〇〇一年五月二十日，美國一位名叫喬治・赫伯特的推銷員，成功地把一把斧頭推銷給了小布希總統。布魯金斯學會得知這一消息，便把一個刻有「最偉大的推銷員」的金靴子獎頒發給他。這是自一九七五年以來，該學會的一名學員成功地把一部小型答錄機賣給了尼克森之後，又一學員邁過如此高的門檻。

布魯金斯學會創建於一九二七年，以培養世界上最傑出的推銷員著稱於世。它有一個傳統，在每期學員畢業時，都設計一道最能表現推銷員實力的實習題，讓學生去完成。柯林頓當政期間，他們出了這麼一個題目：「請把一條三角褲推銷給現任總統。」八年間，有無數個學員為此絞盡腦汁，最後都無功而返。柯林頓卸任後，布魯金斯學會把題目改成：「請將一把斧頭推銷給小布希總統。」

鑑於前八年的失敗與教訓，許多學員都知難而退。有些學員甚至認為這道畢業實習題會和柯林頓當政時一樣毫無結果，因為現在的總統什麼都不缺，即使有缺少什麼，也用不著他們親自購買。然而，喬治・赫伯特卻做到了，並且沒有花多少工夫。一位記者在採訪他的時候，他是這樣說的：我認為，把一把斧頭推銷給小布希總統，這並不困難。因為小布希總統在德克薩斯州有一座農場，那裡長著許多樹。於是我給他寫了一封信。信中說，有一次我有幸參觀您的農場，發現那裡長著許多矢菊樹，有些已經死掉，木質已變得鬆軟。我想，您一定需要一把小斧頭，但是從您現在的體能狀況來看，這種小斧頭顯然太輕，因此您仍然需要一把不甚鋒利的老斧頭。現在我這兒正好有一把這樣的斧頭，我祖父留給我的，很適合砍伐枯樹。倘若您有興趣的話，請按這封信所留的信箱，給予回覆……最後他就匯了十五美元給我。喬治・赫伯特成功後，布魯金斯學會在表揚他的時候說：金靴子獎已設置了二十六年，二十六年間，布魯金斯學會培養了數以萬計的推銷員，造就了數以百計的百萬富翁，這只金靴子之所以沒有授予他們，是因為我們一直想尋找這麼一個人——這個人從不因有人說某一目標不能實現而放棄，從不因某件事情難以辦到而失去自信。

・心靈小棧

不是因為有些事情難以做到，我們才失去自信；而是因為我們失去了自信，有些事情才顯得難以做到。

信心

威爾遜在創業之初，全部家當只有一台分期付款買來的爆米花機，價值五十美元。第二次世界大戰結束後，威爾遜做生意賺了點錢，便決定從事房地產生意。如果說這是威爾遜的人生目標，那麼，這一目標的確定，就是基於他對市場的需求預測充滿了信心。

當時，在美國從事房地產生意的人並不多，因為戰後人們一般都比較窮，買地皮、蓋房子、建商店、蓋廠房的人很少，地皮的價格也很低。

當親朋好友聽說威爾遜要做房地產生意，都異口同聲地反對。而威爾遜卻堅持己見，他認為反對他的人目光短淺。他認為雖然連年的戰爭，使美國的經濟很不景氣，但美國是戰勝國，它的經濟會很快就進入蓬勃發展的繁榮時期。到那時買地皮的人一定會增多，地皮的價格也會跟著暴漲。於是，威爾遜用手頭的全部資金再加上一部分貸款，在市郊買下很大的一片荒地。這片土地由於地勢低窪，不適宜耕種，所以乏人問津。可是威爾遜親自觀察了以後，還是決定買下了這片荒地。

他的預測是，美國經濟會很快繁榮，城市人口會日益增多，市區將會不斷擴大，屆時必然會向郊區延伸。在不久的將來，這片土地一定會變成黃金地段。

後來的事實正如威爾遜所料。不出三年，城市人口劇增，市區迅速發展，大馬路一直修到威爾遜買的土地旁。這時，人們才發現，這片土地周圍風景宜人，是人們夏日避暑的好地方。

於是，這片土地價格倍增，許多商人競相出高價購買，但威爾遜不為眼前的利益所惑，他還有更長遠的打算。後來，威爾遜在自己這片土地上，蓋起了一座汽車旅館，命名為「假日旅館」。由於它的地理位置好，舒適方便，開業後，顧客盈門，生意非常興隆。從此以後，威爾遜的生意越做越大，他的假日旅館逐步遍及世界各地。

・心靈小棧

目光遠大、目標明確的人，往往都非常自信，而自信與人生的成敗息息相關。

標上記號的畫

從前，有一位畫家想畫出一幅人人看了都喜歡的畫。畫完了，他拿到市場上去展出。畫旁放了一支筆，並附上說明：每一位觀賞者，如果認為此畫有欠佳之筆，均可在畫中做上記號。

晚上，畫家取回了畫，發現整個畫面都塗滿了記號——沒有一處不被指責。畫家十分不悅，對這次的嘗試深感失望。

畫家決定換一種方法去試試。他又摹了一張同樣的畫拿到市場展出。但是這一次，他要求每位觀賞者將其最為欣賞的妙筆標上記號。

當畫家再取回畫時，他發現整幅畫又被塗遍了記號——一切曾被指責的筆劃，如今卻都換上了讚美的標記。

「哦！」畫家不無感慨地說道，「我現在發現了一個奧妙，那就是：我們不管做什麼事，只要讓一部分的人滿意就夠了；因為，在有些人看來是醜陋的東西，在其他人的眼裡卻是美好的。」

・心靈小棧

生活就是這樣，你不能奢求盡善盡美、人人滿意。但能讓一部分的人滿意就足夠了，否則，你將會無所適從。

不是事實

美國知名女演員索尼亞・斯米茲的童年是在，加拿大渥大華郊外的一個乳牛場裡度過的。

當時她在農場附近的一所小學裡讀書，有一天她回家後很委屈地哭了，父親就問原因。她斷斷續續地說：「班上有一個女生說我長得很醜，還說我跑步的姿勢難看。」父親聽後，只是微笑。接著父親說：「我能摸得著我們家的天花板。」正在哭泣的索尼亞聽後覺得很奇怪，不明白父親想說什麼，反問父親：「你說什麼？」

父親又重複了一遍：「我能摸得到我們家的天花板。」

索尼亞忘記了哭泣，仰頭看看天花板。將近四公尺高的天花板，父親能摸得到？她怎麼也不相信。父親笑笑，得意地說：「不信吧？那妳也別信那女孩的話，因為有些人說的並不是事實！」

索尼亞就這樣明白了，不能太在意別人說什麼，要自己拿主意！

她在二十四、五歲的時候，已是個頗有名氣的演員了。有一次，她要去參加一個聚會，但經紀人告訴她，因為天氣不好，只有少數人會參加這次聚會，會場的氣氛有些冷清。經紀人的意思是，索尼亞剛出名，應該把時間花在一些大型的活動上，以增加自身的名氣。索尼亞堅持要參加這個聚會，因為她在報上承諾過要去參加，「我一定要兌現諾言。」結果，那次的雨中聚會，因為有了索尼亞的參加，廣場上的人越來越多，她的名氣和人氣也因此而驟升。

後來，她又更上層樓，離開加拿大去美國演戲，從此聞名全球。

・心靈小棧

坎坷的人生，在很多時候都需要靠我們自己拿主意，自己拿主意是自信的表現。當然，這並不意味著一意孤行，而是忠於自己，相信自己。

作家的退稿信

大凡喜愛文學創作的新手，多患有不同程度的退稿恐慌症。的確如此，沒有什麼比一封退稿信更令人汗顏，令人沮喪了。然而，貴就貴在鍥而不捨。實際上，世界上許多名家大師的傳世暢銷之作，在開始時也難逃被退稿的厄運。但是，佳作仍是佳作，大師終究是大師。以下是世界上一些先被退回，後來又得以出版的傳世暢銷之作，以及原著作作者和退稿信的內容：

一、約瑟夫・羅德雅德・吉卜林，英國第一位榮膺諾貝爾文學大獎的名作家。

作品：《無題》

退稿時間：一八八九年

退稿信：很抱歉，吉卜林先生，您根本不知道怎樣使用英語寫作！

二、D・H・勞倫斯，英國現代小說大師，作品有《兒子與情人》等。

作品：《查泰萊夫人的情人》
退稿時間：一九二八年
退稿信：為了大師的自身利益，請勿發表這部小說。

三、傑克·倫敦，美國著名批判現實主義作家。
作品：《生活之法則》
退稿時間：一九〇〇年
退稿信：內容令人生畏，使人沮喪。

四、赫爾曼·麥爾維爾，美國浪漫主義小說最重要的代表作家。
作品：《白鯨》
退稿時間：一八五一年
退稿信：十分遺憾，我等一致反對出版大作，因為，此小說根本不可能贏得，廣大青少年讀者的青睞。作品又臭又長，徒有其名而已。

五、福樓拜，法國著名小說家。
作品：《包法利夫人》

退稿時間：一八五六年
退稿信：整部作品被一大堆甚為精彩，但過於繁複累贅的細節描寫所淹沒。

六、威廉•福克納，美國作家，一九四九年榮獲諾貝爾文學獎，一九五一年榮獲美國全國圖書獎，一九五五年和一九六三年兩次榮獲普利策獎。
作品：《聖殿》（本書後來成為作者最為暢銷的作品）
退稿時間：一九三一年
退稿信：我的天啊！我可不敢將手稿印刷成書，否則，你我兩人都難逃法網。

七、約翰•多斯•帕索斯，美國三〇年代著名作家。
作品：《偉大的日子》
退稿時間：一九五八年
退稿信：我對書中那些與情節無甚關聯的細節描寫，深惡痛絕。

八、安妮•弗蘭克，德國猶太女作家。弗蘭克在推翻納粹政權後將自己的親身經歷記錄成書，譯成三十多種文字，暢銷全球。
作品：《密室》（即《安妮日記》）。

退稿時間：一九五二年

退稿信：安妮小姐，恕我直言，妳似乎缺乏一種將妳的作品提高到，比「新奇」更高一個層次的能力。

九、弗拉迪米爾•納博科夫，生於俄國的美國後現代派小說家兼詩人，成名作為《洛麗泰》

作品：《洛麗泰》。

退稿時間：一九五五年

退稿信：小說荒誕絕倫，與精神病人的夢囈別無二致，且情節安排上糾纏不清……作者竟厚顏之至，要求出版此書，我對此大感驚訝。我看不出出版此書有何益處，我建議將手稿埋入地下一千年。

•心靈小棧

人立命於世，首先要自尊自重，遭到別人的否定甚至歧視時，決不要輕易低頭，在強大的勢力面前不自卑，堅持自己的信念，才能克服障礙，取得令人矚目的成就。

不能貶低的志氣

斯泰里十六歲的時候，在一間大五金行裡做店員，這正是他所希望的一個職務。他認為自己的前途是光明遠大的，他努力工作，在各方面盡心學習，自己盼望著將來做一個成功的五金銷售員。他認為自己是上進的，但是其上司卻有不同的看法。

「我不想用你了，你絕不是做生意的料。你到塞強鑄造廠去做工人吧！你那種蠻力，除了做那種工作之外，沒有什麼別的用途。」

對於一個年輕人而言被如此的侮辱，還有甚過於此的嗎？被炒魷魚，這是何等的打擊！然而他卻始終認為自己工作做得很好。那麼，他是否預備到鑄造廠去呢？他的頭腦裡是否充滿了，經理給他的負面感受呢？他的確是受了很大的打擊，他感覺是被打倒了；他的首次衝刺失敗了，但是經過了反覆的思考之後，他決要重整旗鼓，決心要迎向勝利。

「你可以辭退我，但是你不能貶低我的志氣。」他對那殘酷的經理反抗說，

「有一天如果我還活著的話，我也要開一個像這樣大的五金店。」

他的話並不是一種氣憤的發洩而已。這個年輕人，因第一次的失敗而驅使他不停地努力，一直到他成為全國最大的五金製造商之一。如果沒有受到這次打擊，恐怕斯泰里永遠是一個平庸的銷售員而已。在受到打擊之前，他以為自己的工作是很好的——這種自滿的心態，足以消滅他那種求上進的慾望。他在那個粗魯的經理之下所受的屈辱，正是促使他上進的主要原動力。

・心靈小棧

有時要戰勝一種不適當的自滿心態，唯一的方法就是遭受一次沉重的打擊。把別人的打擊當作是上進的主要原動力，你或許能乘機躍上另一個新境界。

惠特曼和《草葉集》

一八四二年三月，百老匯的社會圖書館裡，著名作家愛默生的演講刺激了年輕的惠特曼：「誰說我們美國沒有自己的詩篇呢？我們的詩人文豪就在這呢！」

這位身材高大的當代大文豪的一席慷慨激昂、振奮人心的演講，使台下的惠特曼激動不已，熱血在他的胸中沸騰，他渾身升騰起一股力量和無比堅定的信念，他要瞭解各個領域、各個階層、各種的生活方式。他要傾聽大地的、人民的以及民族的心聲，去創作新的不同凡響的詩篇。

一八五四年，惠特曼的《草葉集》問世了。

這本詩集熱情奔放，衝擊了傳統格律的束縛，用新的形式表達了民主思想對種族、宗教和社會壓迫的強烈抗議。

它對美國和歐洲詩歌的發展有著莫大的影響。

《草葉集》的出版，使遠在康科特的愛默生激動不已。誕生了！國人期待已久的美國詩人在眼前誕生了，他給予這些詩極高的評價，稱這些詩是「屬於美國的詩」，「是奇妙的」、「有著無法形容的魔力」，「有驚人的觀察力和不畏難的精神。」

《草葉集》受到愛默生這位聲譽極佳的作家的褒揚，使得一些本來把它評價得一無是處的報導，馬上換了說法，變得溫和了起來。

但是惠特曼那創新的寫法，不押韻的格式，新潮的思想內容，並非那麼容易被大眾所接受，他的《草葉集》並未因愛默生的讚揚而暢銷。然而，惠特曼卻從中增添了信心和勇氣。

一八五五年底，他印了第二版，在這版中他又加進了二十首新詩。

一八六〇年，當惠特曼決定再印第三版《草葉集》，並將補進一些新作時，愛默生竭力勸阻惠特曼取消其中幾首刻畫「性」的詩歌，否則第三版將不會暢銷。

惠特曼卻不以為然地對愛默生說：「那樣刪後還會是本好的書嗎？」

愛默生反駁說：「我沒說『還』是本好書，我說刪了就是本好書！」

執著的惠特曼仍是不肯讓步，他對愛默生表示：「在我靈魂深處，我的意念是不服從任何束縛的，而是走自己的路。《草葉集》是不會被刪改的，就任由它自己茂盛和枯萎吧！」

他又說：「世上最髒的書就是被刪減過的書，刪減意味著道歉、投降……」

第三版《草葉集》出版了，並獲得了廣大讀者的熱烈迴響。

不久，它便跨越了國界，傳到英格蘭，傳到世界許多地方。

・心靈小棧

愛默生說過：「偏見常常扼殺很有希望的幼苗。」為了避免自己被「扼殺」，只要看準了，就要充滿自信，敢於堅持走自己的路。

不把命運交給別人

傑佛瑞・波蒂洛敘述著自己幼時的經歷：小學六年級的時候，考試考第一名，老師送我一本世界地圖，我好高興，跑回家就開始看這本世界地圖。很不幸，那天輪到我為家人燒洗澡水。我一邊燒水，一邊在灶邊看地圖，看到一張埃及地圖，想到埃及很好，埃及有金字塔，有埃及豔后，有尼羅河，有法老王，還有很多很多神祕的東西……心想，長大以後如果有機會，我一定要去埃及。我正看得入神的時候，突然有一個人從浴室衝出來，很大的聲音跟我吼說：你在幹什麼？」

我抬頭一看，原來是爸爸，我說：「我在看地圖。」

爸爸很生氣，說：「火都熄了，看什麼地圖？」

我說：「我在看埃及的地圖。」

我父親跑過來「啪、啪！」給我兩個耳光，然後說：「趕快生火！看什麼埃及地圖？」

打完後，踢我屁股一腳，把我踢到火爐旁邊去，並用很嚴肅的表情告訴我說：

「我給你保證，你這輩子不可能到那麼遙遠的地方，趕快生火。」

我當時看著我爸爸，呆住了，心想：「我爸爸怎會給我這麼奇怪的保證，真的嗎？這一生真的不可能去埃及嗎？」

二十年後，我第一次出國就去埃及，朋友都問我：「到埃及做什麼？」那時候還沒開放觀光，出國很難的。

我說：「因為我的生命不要被保證。」自己就跑到埃及去旅行了。

有一天，我坐在金字塔前面的臺階上，買了張明信片寫信給我爸爸。

我寫道：「親愛的爸爸：我現在在埃及的金字塔前面寫信給你。記得小時候，你打了我兩個耳光，又踢我一腳，還保證我不能到這麼遠的地方來，現在我就坐在這裡寫信給你。」寫的時候我感觸非常的深……

‧心靈小棧

一個人想要成功必須要有自信。不要讓別人的消極思想阻礙你前進的步伐。只要不把你的命運交給別人，你就能決定自己的命運。

自己想辦法

車伕駕著一輛滿載乾草的車子，走在鄉間的路上，沒想到卻陷進了泥坑裡。在鄉下的田野上，會有誰來幫我這個可憐人的忙呢?車伕心想，這完全是命運之神，有意捉弄人而安排的。

陷入泥坑裡的車伕肝火正旺，罵聲不絕。他罵泥坑、罵馬、又罵車子和自己。無奈之中，他只得向舉世無雙的大力士神求救。

「赫拉克勒斯，」車士伕懇求道，「請您幫幫忙，您的背能扛起天。請您幫忙把我的車從泥坑中推出來，這對您來說不過是舉手之勞。」

剛祈禱完，車伕就聽到神從雲端發話了：「神要人們自己先動腦筋、想辦法，然後才會給予幫助。你先看看，你的車困在泥坑裡究竟是什麼原因?為什麼會陷入泥坑裡?拿起鋤頭剷除車輪子周圍的泥漿和爛泥，把礙事的石子都砸碎，把車轍填平，你不自己嘗試一下怎麼行呢?」

過了一會兒，神問車伕：「你做完了嗎?」

「是的，做完了。」車伕說。

「那很好，我來幫助你。」大力神說，「拿起你的鞭子。」

「我拿起來了……咦，這是怎麼回事？我的車走得很輕鬆！大力士神赫拉克勒斯，你真行！」

這時，神說：「你看，你的馬車很容易的就離開了泥坑！遇到困難，要先自己動腦筋想辦法解決，老天才會助你一把的。」

・心靈小棧

「自力更生」的精神有助於一個人的成功。遇到困難的時候，不要只想依賴別人，要先付出自己的全部力量。

頑石

當瑪麗嫁進這個農場時，那塊石頭就在那兒了。它剛好位於屋角，是塊醜陋、暗淡的色怪石。這塊直徑約有一英呎的石頭，從後院草地裡突出兩英吋，隨時都有可能讓人絆倒。

有一次使用割草機，不小心被它碰斷了高速運轉的刀片，瑪麗問：「我們不能把它挖走嗎？」

「不行，它一直在那兒。」丈夫說，他父親也表示同意。「它應該是埋在地底很深的地方，我想。」公公補充說，「我父親從南北戰爭時就住在這兒，從來沒人想把它挖走。」

於是那石頭就留著了。後來，瑪麗的孩子們出生了，也逐漸長大可以到處走動。接著公公去世。再後來，丈夫也離開了她。

葬禮之後，瑪麗開始以主人的眼光審視周圍的院子，發現草坪四週有近百個凹陷。她便一個一個地修補它們。然而，房子西南角那片，怎麼整也不平。一定是那塊石頭影響了草坪的生長。她到庫房拿出鐵鏟，要挖掉那塊石頭。

瑪麗準備花上一整天的時間，來除去這塊頑石。她穿上厚厚的鞋子，找來手推車。約莫五分鐘後，那塊石頭就被挖出來了。

它只埋了約一英呎深，現在看起來可能比她原先認為的深六英呎淺得多了。瑪麗用鐵棍把它撬鬆，然後放入手推車。

・心靈小棧

許多困難貌似「艱巨」，其實不過是「紙老虎」，只要你願意勇敢地去面對它，就會發現，那實在遠不如想像中的可怕！

最近的夢想

十九歲的伯傑是一個富商的兒子。

一天晚餐後，伯傑正在欣賞深秋美麗的月色。突然，他看見窗外的街燈下，站著一個和他年齡相仿的青年，那青年身著一件破舊的外套，清瘦的身材顯得很羸弱。

他走下樓去，問那青年為何長時間地站在這裡？

青年神情憂鬱地對伯傑說：「我有一個夢想，就是自己能擁有一座寧靜的公寓，晚飯後能站在窗前欣賞美好的月色。可是這些對我來說，簡直太遙遠了。」

伯傑說：「那麼請你告訴我，離你最近的夢想是什麼？」

「我現在的夢想，就是能夠躺在一張舒適寬敞的床上，舒服地睡上一覺。」

伯傑拍了拍他的肩膀說：「朋友，今天晚上我可以讓你夢想成真。」

於是，伯傑帶著他走進了他家的千萬豪宅。然後把他帶到自己的房間，指著那張豪華的軟床說：「這是我的臥室，睡在這兒，保證像天堂一樣舒適。」

第二天清晨，伯傑早早就起床了。他輕輕推開自己臥室的門，卻發現床上的一切都整整齊齊，分明沒有人睡過。伯傑疑惑地走到花園裡。他發現，那個年輕人正躺在花園的一條長椅上甜甜地睡著。

伯傑叫醒了他，不解地問：「你為什麼睡在這裡？」

青年笑笑說：「你給我這些已經足夠了，謝謝……」說完，青年頭也不回地走了。

三十年後的一天，伯傑突然收到一封精美的請柬，一位自稱是他「三十年前的朋友」的男士，邀請他參加一個湖邊度假村的落成慶典。

在這裡，他不僅領略了眼前典雅的建築，也見到了眾多社會名流。接著，他看到了即興發言的莊園主人。

「今天，我首先要感謝的就是在我成功的路上，第一個幫助我的人。他就是我三十年前的朋友——伯傑……」說著，他在眾多人的掌聲中，走到伯傑面前，並緊緊地擁抱他。

此時，伯傑才恍然大悟。眼前這位名聲顯赫的大亨特納，原來就是三十年前那位貧困的青年。

・心靈小棧

當年，伯傑把那個青年帶進寢室的時候，青年還真不敢相信夢想就在眼前。但是不管別人給你提供多麼優渥的條件，那都不是屬於你自己的，別人帶給你的夢想是短暫的。你應該遠離它，要把自己的夢想交給自己，去努力開創真正屬於自己的生活！

活下去的意義

一位通達的日本老太太，正帶著家人在伊豆半島旅行。有個名叫喬治的十七歲少年在伊豆半島投海自殺，被員警救起。他是個美國黑人與日本人所生的混血兒，憤世嫉俗，末路窮途。老太太到警局要求和男孩見面。員警知道老太太的來歷，同意她和青年談談。

「孩子」，她說時，喬治扭過頭去，像塊石頭，全然不理，老太太用慈祥而柔和的語調說下去：「孩子，你可知道，你生來是要為這個世界，做些除了你以外，沒人能辦得到的事嗎？」

她反覆說了好幾遍，男孩突然回過頭來，說道：「妳說的是像我這樣一個黑人？連父母都沒有的孩子？」老太太不慌不忙地回答：「對！正因為你膚色是黑的，正因為你沒有父母，所以，你能做些了不起的事。」男孩冷笑道：「哼，別說了！妳想我會相信這一套？」

「跟我回去，我讓你自己瞧瞧你的能力。」她說。

Chapter 02

信念

老太太把他帶回小菜園，叫他在菜園裡打雜。雖然生活清苦，但她對少年卻關愛備至。生活在小菜園中，處身在草木蒼鬱的環境裡，喬治慢慢地也心平氣和了。老太太給了他一些生長迅速的蘿蔔種，十天後蘿蔔發芽生葉，喬治得意地吹著口哨。他又用竹子自製了一支橫笛，吹奏自娛，老太太聽了稱讚道：「除了你沒有人為我吹過笛子，喬治，真好聽！」

男孩似乎漸漸有了活力，老太太便把他送到高中念書。在求學那四年，他繼續在菜園內種菜，也幫老太太做點零活。高中畢業後，喬治白天在地下鐵的工地做工，晚上在大學夜間部繼續他的學業。畢業後，在盲人學校任教，他對那些失明的學生關懷備至。

「現在，我已相信，真有別人不能，只有我才能做的事了。」喬治對老太太說。

「你看，對吧？」老太太說，「你如果不是黑皮膚，如果不是孤兒，也許就不能領悟盲童的苦處。只有真正經歷過痛苦的人，才能盡心盡力的替別人著想，為別人做事。那年你才十七歲，最需要的就是有人愛你、關心你，當初因為沒有愛與關心，所以想死，是吧？你大聲吶喊，說你要的根本不可能得到，根本就不存在——可是後來，你自己卻有了用不盡的愛心。」

喬治心悅誠服地點點頭。

老太太意猶未盡，繼續侃侃而言：「儘量讓自己快樂起來，再把快樂傳遞到每個人的身上。等到你從他們臉上看到感激的光輝，那時候，甚至像我們這樣行將就木的人，也會感受到活下去的意義。」

・心靈小棧

人生中最大的悲劇就是：沒有了自信，沒有了希望。有些人因此而覺得沒有了明天，甚至要毀掉今天。只要充滿自信和激情，就能找到生命的意義，每個人都能做出了不起的事。

打保齡球的啟示

阿姆斯壯第一次去打保齡球時，同行的朋友免不了地在旁指點他：該怎麼跑、怎麼擲球，怎麼瞄準方向。每一局，他都按照朋友的話，認認真真地做了，結果卻很不一樣。有時，明明是把球筆直地擲出去，它卻滾著滾著就偏了方向，眼睜睜看著它滾進了溝裡；有時，球出手的時候就已經偏了，到了盡頭，只能擦到最邊上的球瓶，卻不知怎麼搞的，那個球瓶橫向一倒，戲劇性地，所有的球瓶全倒了。

阿姆斯壯漸漸有些感慨：也許，人生就像是一局保齡球，而成功，也就是那些靜靜等待的球瓶，我們一生中所有的選擇和努力，都是站在一定的距離以外，儘量投出最完美的一擲。然而，球脫手的剎那，也就是將它交給命運，到底能不能擊中，能擊中多少，只能聽天由命了。想到這裡，阿姆斯壯不禁有些沮喪。

就在此時，他的朋友上場了。只見他一手執球，在硬木地板上助跑幾步後止步，身子略略下蹲，右手順勢一揚，球穩穩出手，直撲終點，輕巧地就打了個大滿貫，整套動作流暢優美，輕捷如猿。

朋友連打幾局，身手是一致的俐落，而分數也總是很高。有一局他一擊過後，只剩下一個球瓶，孤零零地站在最偏遠的角落裡，位置很不好，阿姆斯壯想這次完了，肯定打不中。沒想到第二擊，他也只是看似很隨便地一擲，球便很自然地向那個方向偏斜，到達終點時，剛好把那個球瓶打了個正著。

阿姆斯壯剎時豁然開朗：其實，即使在球脫手之後，也從來沒有離開過人的控制，它的方向、速度、輕重，早在出手之前，便被精確的計算過，並如同宿命般被賦予。每一個大滿貫，都不是一件偶然的事件。而即使是一場遊戲，能玩得如許精彩，背後都包含了玩家許多的經驗、智慧和力量。輸和贏都在自己的掌握之中，與天意無關。

・心靈小棧

不會游泳的人，只能隨波逐流；不會打保齡球的人，每一球都是碰運氣；不曾為成功制訂計畫的人，幸福的人生就沒有保障。

為了一生的成功和幸福，你應該竭盡精力和思慮地安排你的一生，為自己確定一個前進的方向。狂風巨浪，顯然是會有的，它會迫使你暫時離開你的航道，但是有一個前進的方向總比隨波逐流、毫無目的地漂泊要好得多。

考慮自己的將來

有一次，在高爾夫球場，羅曼‧皮爾在草地邊緣把球打進了雜草區。有一個年輕人剛好在那裡清掃落葉，就和他一塊兒找球，那時，那年輕人很猶豫地說：

「皮爾先生，我想找個時間向你請教。」

「什麼時候呢？」皮爾問道。

「哦！什麼時候都可以。」他似乎頗為意外。

「像你這樣說，你是永遠沒有機會的。這樣吧！三十分鐘後在第十八洞見面談吧！」皮爾說道。三十分鐘後他們在樹蔭下坐下，皮爾先問他的名字，然後說：

「現在告訴我，你有什麼事要同我商量？」

「我也說不上來，只是想做一些事情。」

「能夠具體地說出你想做的事情嗎？」皮爾問。

「我自己也不太清楚。我很想做和現在不同的事，但是不知道該做什麼才好。」他顯得很困惑。

「那麼，你準備什麼時候實現那個還不能確定的目標呢？」皮爾又問。年輕人對這個問題似乎既困惑又激動，他說：「我不知道。我的意思是有一天，有一天會想出該做什麼事情。」於是，皮爾問他喜歡什麼事。他想了一會兒，說想不出有什麼特別喜歡的事。

「原來如此，你想做某些事，但不知道該做什麼好，也不確定要在什麼時候去做，更不知道自己最擅長或喜歡的事是什麼。」

聽皮爾這樣說，他有些慚愧地點頭說：「我真是個沒有用的人。」

「哪裡。你只不過是沒有把自己的想法加以整理，或缺乏整體構想而已。你人很聰明，個性又好，又有上進心。有上進心才會促使你想做些什麼。我很喜歡你，也信任你。」

皮爾建議他花兩個星期的時間，來考慮自己的將來，並明確的決定自己的目標，你不妨用最簡單的文字將它寫下來，然後估計何時能順利實現，得出結論後就寫在卡片上，完成後再來找我。

兩個星期以後，那個年輕人顯得有些迫不及待，至少精神上看來像完全變了一個人似的，在皮爾面前出現。這次他帶來明確而完整的構想，已經掌握了自己的目標，那就是要成為，他現在工作的高爾夫球場經理。現任經理五年後退休，所以他把達到目標的日期訂在五年後。

他在這五年的時間裡，確實學會了擔任經理必備的學識和領導能力。經理的職務一旦空缺，沒有一個人是他的競爭對手。

又過了幾年，他的地位依然十分重要，成為了公司不可缺少的人物。他根據自己任職的高爾夫球場的人事變動，來決定未來的目標。現在他過得十分幸福，非常滿意自己的人生。

・心靈小棧

為了掌握自己的人生，先要明確的立定你的目標，找到努力的方向，再立即採取行動，不斷的努力以提高自己的能力，加速自己的成長，就能獲得滿意的人生。

加油站問題

公司請來了具有高知名度的美國人力資源專家，在員工培訓班一開始，就先問了十幾個參加者一個小問題：「你們說，開車的人進了加油站，最想完成的事情是什麼？」

開車的人進加油站還能做什麼呢？

「加油！」超過一半的人都這樣回答。

從專家略顯失望的眼神裡，大家看出這顯然不是他所期望的答案，所以又補充了「歇會兒」、「買吃的」等幾個答案，甚至「上廁所」都替人家想到了，但最終沒有答出令專家滿意的答案。

只見專家作深思狀，繞了一大圈說：「如果我們今天人數足夠多的話，你們當中一定會有人告訴我，開車的人進了加油站，最想早一點離開加油站，繼續他的旅程，不管是工作還是休閒。」專家見大家茫然又解釋說，每個人做事都會有具體的目的，而這個目的又應該是從屬於一個遠大的目標。

專家像是看透了大家的心思，便針對性地對他們講了耶魯大學的一項跟蹤調查的研究結果。

說起來這項研究其實很簡單，在開始的時候，研究人員向參與調查的學生們問了這樣一個問題：「你們有目標嗎？」

對於這個問題，只有百分之十的學生確認他們有目標。然後研究人員又問了學生們第二個問題：「如果你們有目標，那麼，你們是否有把自己的目標寫下來了呢？」這次，總共只有百分之四的學生的回答是肯定的。

二十年後，當耶魯大學的研究人員，在世界各地追訪當年參與調查的學生們的時候，他們發現，當年白紙黑字把自己的人生目標寫下來的那些人，無論是從事業發展還是經濟能力來說，都遠遠超過了另外那些沒有這樣做的同齡人。

不說別的，這百分之四的人所擁有的財富居然超過了其餘百分之九十六的人的總和！

專家說，這些人之所以有明確的目標，那是因為他們有眼光。講課的專家接著又問了大家一個問題：「你們知道在耶魯大學的那項研究裡，那百分之九十六沒有把人生目標寫在紙上的人一生都在做些什麼嗎？」

有了前面「加油站問題」的經驗，大家面面相覷，不願輕易開口。

不過這次，美國專家爽快地告訴了大家答案：「這些人忙忙碌碌，一輩子都在直接或間接地、自覺或不自覺地，幫助那百分之四有眼光的人，實現他們的奮鬥目標。」

‧心靈小棧

人活著，第一要緊的事情就是要有眼光。有了眼光之後，必需確定應該為之努力的目的和目標，這樣工作就會充滿機會，才有希望，最終成為一個事業和生活的成功者，生命就會豐富多彩。

釣魚

週末，約翰和傑克來到一個魚塘邊釣魚。

不一會兒，傑克就釣了好幾條大魚，而約翰卻一無所獲。

約翰實在想不明白，便來到傑克身邊，向他請教釣魚的祕訣。

傑克一邊將魚餌掛在魚鉤上，一邊對約翰說：「如果你確定要釣什麼魚，你就做一系列的準備吧！準備的正確與否決定你能否釣到，或者更準確地說能否釣到大魚。」

傑克將魚鉤準確而且有力地拋向水面，然後坐下來看著說：「釣魚也許應該靠運氣的，不確定性的因素太多了。因為如果我們都做了對的選擇，是否成功則要靠天意。但是，釣魚不是傻瓜遊戲，它更像是玩二十一點撲克牌。

你對娛樂場所（棲息地）、遊戲規則（魚）和機率（水、食物供應量和天氣狀態）瞭解得越多，你贏的機會（釣到大魚）就越大。

「首先，要挑選一片水域。如果你想釣鯉魚或者鯽魚，那麼必須在淡水區域，比如在水庫、魚塘，或者在一條不大湍急的小河邊。如果你想釣到鯨魚，也許需要駕著漁船進入深海，享受驚濤駭浪的刺激。

「魚並非均勻地分配在所有的水域上，同一區域，有人能釣到大鯉魚，而有一些人釣到的總是小魚。因此，選擇水域變得十分重要了。在這個水域釣魚，我是經過無數次經驗後所做的選擇，而你則是完全盲目的，儘管我們碰巧遇在一起了，但是我們卻有區別。這種區別在於我知道自己的選擇；而你是隨機，也許你能有好機會，但是機會不可能總是眷顧你。真正的成功需要經驗的積累和理智的選擇。」

傑克的魚又上鉤了，又是一條大紅尾鯉魚。

傑克微微一笑，說：「你知道嗎？為了選擇這個釣魚區，我做了長時間的觀察和分析，瞭解水深和藻類的繁殖狀況。也許你覺得這不過是一種娛樂，似乎應該更輕鬆些。但是，如果我們選錯了區域，拿著魚竿傻傻地坐在岸邊，那還不如坐在花園的長椅上悠閒的曬太陽呢！

我們也許沒必要將釣魚當成一種體育競賽。但是也不能完全不用心思。這是一種對人生的態度，一旦你養成了這種態度，你就能從中獲得某種樂趣——思考的樂趣。」

選定了釣魚區域，接下來你應該聘請一個教練。傑克接著說，許多人寧願選擇做一個失敗者，也不願意選擇依靠他人的幫助和建言，無論是付費還是免費。如果你立即接受你是無知的、而且什麼也不懂的事實，如果你閉上自己的嘴巴，那你的釣魚技術也會有所進步。

最後，選擇一個位置（水域區）。與人生層次一樣，魚也有層次（水域區）之分，當一個地方的魚釣完了，我們必須不斷地調整我們的位置（水域區）。但並非盲目的，我們必須知道哪些位置（水域區）會有魚。魚是游動的，機會也隨著變化。也許我們選對了一個好的水域區，並且選對了一個好的釣魚場所，但是我們卻在一個只有小魚的淺水區徘徊，我們又怎麼能釣到大魚呢？因此，我們必須不斷變化位置（水域區）來尋找大魚，並且在其饑餓的時候投下魚餌，將其釣上來。

・心靈小棧

選擇是一種力量。我們每個人的生活都是被動的，因此感覺不到這種力量的存在。一旦我們的人生能為自己所把握，我們就能感受到這種力量的存在了。

人生的真諦

幾個學生向蘇格拉底請教人生的真諦。

蘇格拉底把他們帶到果園裡，這時正是果實成熟的季節，樹枝上沉甸甸地掛滿了果子。「你們各自順著一行果樹，從林子這頭走到那頭，每人摘一顆自己認為是最大最好的果子。不許走回頭路，不許作第二次選擇。」蘇格拉底吩咐說。

學生們出發了。在穿過果園裡的整個過程中，他們都十分認真而且仔細地進行著選擇。

等他們到達果園的另一端時，老師已在那裡等候著他們。

「你們是否都選擇到自己最滿意的果子了？」蘇格拉底問。

學生們你看著我，我看著你，都不肯回答。

「怎麼啦？孩子們，你們對自己的選擇滿意嗎？」蘇格拉底再次問。

「老師，讓我再選擇一次吧！」一個學生請求說，「我一走進果園時，就發現了一個很大很好的果子，但是，我還想找一個更大更好的，當我走到果園的盡頭後，才發現第一次看見的那顆果子就是最大最好的。」

另一個學生緊接著說：「我和學長恰巧相反，我走進果園不久就摘下了一顆我認為是最大最好的果子，可是之後我發現，果園裡比我摘下的這顆更大更好的果子多的是。老師，請讓我也再選擇一次吧！」

「老師，讓我們都再選擇一次吧！」其他學生也一起請求。

蘇格拉底堅定地搖了搖頭：「孩子們，沒有第二次選擇，人生就是如此。」

・心靈小棧

雖然說生活中處處是機會。但是，對人生具有重大影響的選擇機會並不很多。因此，在關鍵的時候，一定要做出明智的選擇，以免造成終身的遺憾。

拿定主意

有一個二十五歲的年輕人，因為對自己的工作不滿意，他跑來向柯維諮詢。他對自己的生活目標是：找一個稱心如意的工作，改善自己的生活環境。他生活的動機似乎不全是出自私心，而且是有價值的。

「那麼，你到底想做點什麼呢？」柯維問。

「我也說不清楚，」年輕人猶豫不決地說，「我還沒有考慮過這個問題。我只知道我的目標不是現在這個樣子。」

「那麼你的興趣和特長是什麼呢？」柯維接著問，「對於你來說，最重要的是什麼？」

「我也不知道，」年輕人回答說，「這一點我也沒有仔細考慮過。」

「如果讓你選擇，你想做什麼呢？你真正想做的是什麼？」柯維對這個話題窮追不捨。

「我真的說不上來，」年輕人困惑地說，「我真的不知道我究竟喜歡什麼，我從沒有仔細考慮過這個問題，我想我確實應該好好考慮考慮了。」

「那麼，你看看這裡吧！」柯維說，「你想離開你現在所在的位置，到其他地方去。但是，你不知道你想去哪裡。你不知道你喜歡做什麼，也不知道你到底能做什麼。如果你真的想做點什麼的話，那麼，現在你必須拿定主意。」

柯維幫年輕人進行徹底的分析。柯維對這個年輕人的能力進行了測試，他發現這個年輕人對自己所具備的才能並不瞭解。柯維知道，對每一個人來說，前進的動力是不可缺少的，因此，他教年輕人培養信心的技巧。現在，這位年輕人已經滿懷信心踏上了成功的旅途。

・心靈小棧

許多人之所以在生活中一事無成，最根本的原因，是在於他們不知道自己到底要做什麼。

在生活和工作中，明確自己的目標和方向是非常必要的。只有在知道你的目標是什麼、你到底想做什麼之後，你才能夠達到自己的目的，夢想才會成真。

奇特的懷錶

從前，德國有一位很有才華的年輕詩人，寫了許多風花雪月、寫景抒情的詩篇。可是他卻很苦惱。因為，人們都不喜歡讀他的詩。

這到底是怎麼一回事呢？難道是自己的詩寫得不好嗎？不，這不可能！年輕的詩人向來就不懷疑自己在這方面的才能。於是，他去向父親的朋友——一位老鐘錶匠請教。老鐘錶匠聽後一句話也沒說，把他帶到一間小屋裡，裡面陳列著各式各樣的名貴鐘錶。這些鐘錶，詩人從來沒有見過。有的外形像飛禽走獸，有的會發出鳥叫聲，有的能奏出美妙的音樂……

老人從櫃子裡拿出一個小盒子，把它打開，取出了一只樣式特別精美的金殼懷錶。這隻懷錶不僅樣式精美，更奇特的是：它能清楚地顯示出星象的運行、大海的潮汛，還能準確地標明月份和日期。這簡直是一只「魔錶」，世上到哪兒去找呀！詩人愛不釋手。他很想買下這個「寶物」，於是就開口問錶的價錢。老人微笑了一下，只要求用這「寶物」，換下年輕詩人手上的那只普普通通的錶。

詩人對這隻錶真是珍愛之極，吃飯、走路、睡覺都戴著它。可是，過了一段時間之後，漸漸對這塊錶不滿意起來。最後，他跑到老鐘錶匠那兒要求換回自己原來的那隻普通的手錶。

老鐘錶匠故作驚訝狀，問他對這樣奇特的懷錶還有什麼感到不滿意。

年輕的詩人遺憾地說：「它不會指示時間，但是錶本來就是用來指示時間的。我帶著它不知道時間，要它還有什麼用處呢？有誰會來問我大海的潮汛和星象的運行呢？這錶對我來說實在沒有什麼實際用處。」

老鐘錶匠還是微微一笑，把錶往桌上一放，拿起了這位年輕詩人的詩集，意味深長地說：「年輕的朋友，讓我們努力做好各自的事業吧！你應該記住：怎樣給人們帶來用處。」

詩人這時才恍然大悟，從心底裡明白了這句話的深刻含義。

・心靈小棧

有用處的東西才有市場，立足於生活才能實現自己的價值。

與其追求華而不實的東西，不如腳踏實地的做些實在的事。在工作中，首先就是要把本職工作做好。

通往總統府的臺階

報紙和雜誌的編輯們經常畫蛇添足，為讀者提供無關緊要的事情和統計數字。

某年，一位記者奉一家知名雜誌之命，前往非洲寫一篇，有關於一個新建立的共和國總統府的文章，稿件發回後，這份雜誌的編輯只看了第一句話，便拒絕採用。

文章是這樣開頭的：「數百級的臺階通往圍繞著總統府的高牆。」編輯立即給記者拍了電報，要求他搞清楚確實的臺階階數和圍牆的高度。

記者馬上著手去瞭解這些事情，但是他為此花的時間太多了。這期間編輯變得越來越不耐煩，因為雜誌就要拿去付印。他一連發了兩封加急電報催促，但都沒有回應，他又發了一封電報給記者，告訴他如果他再這麼裝聾作啞就要解雇他。

不過記者還是沒有回電，編輯只好很不情願地照原稿發表了那篇文章。

一星期後，編輯終於收到了記者的回電，原來這可憐的傢伙被逮捕了並且被關進了監獄。

不過，他終於被允許發一份電報去報告編輯，就在他數到通往總統府十五英呎高圍牆的第一〇八級臺階時，他被逮捕了。

・心靈小棧

某些人自以為「堪予稱讚」的堅忍不拔的精神，是沒有絲毫的實際價值。除非對結果有積極的意義，不然在一些無關緊要的細節問題上糾纏，只會浪費寶貴的時間。

自知之明

愛因斯坦這一生的成功，是世界公認的，他被譽為二十世紀最偉大的科學家。他之所以能夠取得如此令人矚目的成績，和他一生具有明確的奮鬥目標是有密切關係的。他出生在德國一個貧苦的猶太家庭，家庭經濟條件不好，加上自己小學、中學的學業成績平平，雖然有志往科學領域進軍，但他有自知之明，知道必須量力而行。他進行自我分析：自己雖然總成績平平，但對物理和數學有興趣，成績較好。自己只有在物理和數學方面確立目標才能有出路，其他方面是不及別人的。因此他在讀大學時，選讀瑞士蘇黎世聯邦理工學院的物理學系。

由於奮鬥目標選得準確，愛因斯坦的個人潛能就得以充分發揮，他在二十六歲時就發表了科研論文《分子尺度的新測定》，以後幾年他又相繼發表了四篇重要科學論文，研究出普朗克的量子概念，提出了光量子除了有波長外，還具有粒子的特性，圓滿地解釋了光電效應，宣告了狹義相對論的建立和人類對宇宙認識的重大變革，取得了前人未有的顯著成就。由此可見，確立目標的重要性。假如愛因斯坦他當年，把自己的目標確立在文學上或音樂上（他曾是音樂愛好者），恐怕就難於取得像在物理學上那麼燦爛輝煌的成就。

為了避免耗費人生有限的光陰。愛因斯坦善於根據目標的需要進行學習，使有限的精力得到了充分的利用。他創造了高效率的定向選學法，即在學習中找出，能把自己的知識引導到深處的東西，拋棄使自己頭腦負擔過重，和會把自己誘離要點的一切東西，從而使他集中力量和智慧攻克選定的目標。他曾說過：「我看到數學又分成許多專門領域，每個領域都會耗去我們短暫的一生。

誠然，物理學也分成了各個領域，其中每個領域都能吞噬一個人短暫的一生。在這個領域裡，我不久便學會了識別出那種能導致深化知識的東西，而把其他許多東西撇開不管，把許多充塞腦袋，並使其偏離主要目標的東西撇開不管。」他就是這樣指導自己的學習。為了闡明相對論，他專門選學非歐幾何學，這樣定向選學法，使他的相對論工作，得以順利進行和正確完成。

如果他沒有意向創立相對論，是不會在那個時候學習非歐幾何學的。如果那時候他漫無目的地涉獵各門數學知識，相對論也未必能這麼快就產生。愛因斯坦正是在十多年時間內，專心致志地攻讀與自己的目標相關的書和研究相關的目標，終於在光電效應理論、布朗運動和狹義相對論三個不同領域取得了重大突破。

特別值得一提的是，愛因斯坦不但有可貴的自知之明精神，而且對已確立的目標矢志不移。

一九五二年以色列鑑於愛因斯坦在科學領域成就卓越，聲望頗高，加上他又是猶太人，當該國第一任總統魏茲曼逝世後，便邀請他接受總統職務，他卻婉言謝絕了，並坦然承認自己不適合擔任這一職務。

・心靈小棧

確實，愛因斯坦是一位偉大的科學家，這是他終生努力奮鬥才實現了這個目標的。如果他當上總統，那未必會有多大的建樹，因為他從未顯現過這方面的才華，又未曾為此目標作過任何的努力和學習。

在人生的競賽場上，沒有確立明確目標的人，是不容易得到成功的。許多人並不缺乏信心、能力、智力，只是沒有確立目標或沒有選準目標，所以沒有走上成功的道路。這道理很簡單，尤如一位百發百中的神射手，如果他漫無目標地亂射，也不能在比賽中獲勝。

窮畫家

有一個落魄潦倒的窮畫家，一直堅持著自己的理想，除了畫畫之外，不願從事其他的工作。

而他所畫出來的作品，又一張也賣不出去，搞得三餐老是沒有著落，幸好街角餐廳的老闆心地很好，總是讓他賒欠每天吃飯的餐費，窮畫家也就天天到這家餐廳來用餐。

一天，窮畫家在餐廳中吃飯，突然間靈感泉湧，不顧三七二十一，拿起桌上潔白的餐巾，用隨身攜帶的畫筆，蘸著餐桌上的醬油、番茄醬等等各式調味料，當場作起畫來。

餐廳的老闆也不制止他，反倒趁著店內客人不多的時候，站在畫家身後，專心地看著他畫畫。

過了好一會兒，畫家終於完成他的作品，他拿著餐巾左盼右顧，搖頭晃腦地欣賞著自己的傑作，深覺這是有生以來畫得最好的一幅作品。

餐廳老闆這時開口道：「嗨！你可不可以把這幅作品給我？我打算把你所積欠的飯錢一筆勾銷，就當作是買你這幅畫的費用，你看這樣好不好啊？」

窮畫家感動莫名，驚訝道：「什麼？連你也看得出來我這幅畫的價值？看來，我真的是離成功不遠了。」

餐廳老闆連忙解釋道：「不！請你不要誤會，事情是這樣子的，我有一個兒子，他也像你一樣，整天只想要當一個畫家。我之所以要買這幅畫，是想把它掛起來，好時時刻刻警惕我的孩子，千萬不要落到像你這樣的下場。」

・心靈小棧

堅韌不拔常常是成功的共同特徵；但堅持錯誤的目標而且始終不自覺，卻是導致失敗最重要的原因之一。

正確的做事方法

銷售經理對遭受挫折的推銷員會說：「再多跑幾家客戶！」父母對拼命讀書的孩子常說：「再努力一些！」但是這些建議都有一個漏洞。就像有人曾經問一位高爾夫球國手：「我是不是要多做練習？」高爾夫球國手卻回答道：「不，如果你不先把揮杆要領掌握好，再多的練習也沒用。」

如果有人準備學打高爾夫球這種難度極高的運動，他將為球具、附件、教練和訓練花上大筆的金錢和時間，還會將昂貴的球杆時而打進池塘，也常常會遭受挫折。

如果他學習高爾夫球的目的，是想成為一位高爾夫球好手，或者在與朋友們相聚時可以共同打打球，那麼這麼投入是十分必要的。而且還必須持之以恆，才能達到自己的目的。

但是，如果他的目標是為了每週運動兩次，以減輕幾公斤體重並加以保持，使自己神清氣爽的話，他最好放棄高爾夫球，在住宅附近快走就足夠了。

如果他在拼命練習了一個月或兩個月的高爾夫球之後，漸漸認識到這一點，他放棄高爾夫球，開始進行快步走的鍛練方式。

我們應該怎樣評價他呢？說他是一個沒有恒心、半途而廢的人？還是說他非常有自知之明？他是成功者抑或失敗者？

總括來說，設定目標是十分有意義的，這畢竟是為了對自己的人生方向，有明確的認識，是非常重要的事情。

可是現實生活中，人們總是計較如何達到目標的過程，因而失去了很多好機會。

他們還認為要達到目標，一定要承受無數次的毅力考驗，即使有捷徑可走，他們仍要選擇艱辛的過程。

我們無一例外地被教導過，做事情要有恒心和毅力。

比如：「只要努力，再努力，就可以達到目的。」這樣的說法，我們早已十分熟悉了。

你如果按照這樣的準則做事，你將會不斷地遇到挫折和產生內疚感。

由於「不惜代價，堅持到底」這一教條的原因，那些中途放棄的人，就常常被認為「半途而廢」，令周圍的人失望。

正是因為這個害人的教條，使我們即使有捷徑也不去走，而去簡就繁，還以此為美德，加以宣揚。

・心靈小棧

正確的做事方法，比執著的態度更為重要。我們應該重新調整思考方向，盡可能用簡便的方式達成目標。建議你，應該選擇用簡易的方式做事。

重新做夢

當阿倫還是個孩子的時候，他曾夢想住在一棟有門廊和花園的千萬豪宅裡，在房子的前面有兩尊維納斯的雕像；娶一位身材曼妙、美麗善良的女孩，有一頭烏黑的長髮和碧藍的眼睛，她的琴聲美妙、歌聲悠揚；有三個出色的兒子，在他們長大之後，一個是傑出的科學家，一個是參議員，最小的兒子要成為橄欖球隊員；而他自己則要當一名探險家，登上高山、越過海洋去拯救人類；希望自己擁有一輛紅色的法拉利跑車，而且千萬不要為了衣食去奔波。

可是有一天，在玩橄欖球時，阿倫的膝蓋受了傷。為此他再也不能登山，不能爬樹，不能到海上航行。

他開始研究市場銷售，並且成為一名醫藥推銷商。

他和一位漂亮善良的女孩結了婚。她的確有一頭烏黑的長髮，不過卻身材嬌小而且眼睛是棕色的；她不會彈琴甚至不會唱歌，但卻能做美味的中國菜，她畫的花鳥更是栩栩如生。

Chapter 02
信念

為了經商，阿倫住進了城中的一座高樓。在此，他可以俯看蔚藍的大海和城市的夜景。

在他的房子裡，根本無法擺放兩尊維納斯的雕像，不過養了一隻惹人喜愛的小貓。

他有三個非常漂亮的女兒，但最可愛的小女兒只能坐在輪椅上。他的女兒們都很愛他，但不能和他一起玩橄欖球。

他們有時去公園追逐嬉戲，但他的小女兒卻只能坐在樹下自彈自唱——她的吉他雖然彈得不好，可是歌聲卻是那樣的委婉動聽。

為了使生活過得更舒適，阿倫賺了很多錢；但卻沒能開上紅色的法拉利跑車。一天早晨，阿倫醒來後，又回憶起往日的夢想。「我真是太不幸了。」他對他最要好的朋友說。

「為什麼？」朋友問。

「因為我的妻子和夢想中的不一樣。」

「你的妻子既漂亮又賢慧，」他的朋友說。「她創作出動人的繪畫，並能做美味的菜肴。」

但他對此卻不以為然。

「我真是太傷心了。」有一天，他對妻子說。

「為什麼？」妻子問。

「我曾夢想住在一棟有門廊和花園的千萬豪宅裡，但是現在卻住進了四十八層高的公寓。」

「可是我們的房子不是也很舒適嗎？而且還能看見大海，欣賞夜景。」妻子說。

「我們生活在愛情與歡樂中，有畫上的小鳥和可愛的小貓，更不用說我們還有三個漂亮的孩子了。」

但他卻聽不進去。

「我實在是太悲傷了。」他對他的客戶說。

「為什麼？」醫生問。

「我曾夢想成為一名偉大的探險家，但現在卻成了一名禿頂的商人，而且膝蓋有了殘疾，無法到世界各地探險，拯救人類。」

「你提供的藥品已經挽救了許多人的生命。」

可是他對此卻無動於衷。結果，醫生收了他一百三十美元並把他送回了家。

「我簡直是太不幸了。」他對他的會計說。

「怎麼回事？」會計問。

「因為我曾夢想自己開著一輛紅色的法拉利跑車，而且絕不會有生活負擔。可是現在，我卻要搭乘公共交通工具，有時還要被迫去賺錢工作。」

「可是你衣著華麗、飲食精美，而且還能去歐洲旅行。」他的會計說。

但他仍舊心情沉重。他莫名其妙地給了會計二百美元，並且依然夢想著那輛紅色法拉利跑車。

「我的確是太不幸了。」他對他的牧師說。

「為了什麼？」牧師問。

「因為我曾夢想有三個兒子，可是我卻有了三個女兒，最小的那個甚至不能走路。」

「但你的女兒卻是聰明又漂亮，」牧師說。

「她們都很愛你，而且都有很好的工作。一個是護士，一個是藝術家，你的小女兒又是兒童音樂老師。」

可是他仍然聽不進去。

極度的悲傷終於使他病倒了。他躺在潔白的病床上，看著那些正在為他進行檢查和治療的儀器——而這些則是由他賣給這所醫院的。

阿倫陷入極大的悲哀中，他的家人、朋友和牧師守候在他的病床前，並且都為他深感痛苦。

一天夜裡，他不能入睡，便躺在黑暗中進行思考。天亮時，他終於決定重新再做一個夢。

他希望夢見往昔的時光以及他已經得到的一切。他康復了，幸福地生活在位於四十八層樓的家中。他喜歡他的孩子們的美妙聲音，喜歡他妻子那深棕色的眼睛與精美的花鳥畫。

夜晚，他在窗前凝望著大海，心滿意足地觀賞著城市的夜景。從此，他的生活充滿了陽光。

・心靈小棧

有較高的理想和追求是好事情，但應該靈活些，不要刻板地受目標的約束。在追求自己夢想的時候，千萬不要忽略了現在擁有的幸福生活。

Chapter 03

坦然

一個勇敢而率真的靈魂，能用自己的眼睛觀察，
用自己的心去愛，用自己的理智去判斷；
不做影子，而做人。

——（日）松下幸之助

致命的陰影

有一種魚，叫仙胎魚。仙胎魚在水中的游動異常靈敏，再加上身體透明，在水中極難辨認，外行人想捕到仙胎魚，簡直像摘星一般困難。

然而，反應靈敏的仙胎魚，卻被內行的漁夫大量捕捉。

漁夫捕捉仙胎魚的方法很簡單，只要兩個人各划一隻木筏，在河中央相對拉開距離，再用一根粗麻繩貼著水面繫在兩隻木筏中間。

然後，兩人同時划著木筏，緩緩往岸上靠。

而在岸上等著的漁夫一見木筏快靠岸了，便紛紛拿起漁網，到岸邊就能輕易地撈起仙胎魚。

為什麼只用一根貼在水面上的麻繩就能把魚趕到岸邊呢？

原來，仙胎魚有一個致命的弱點：只要一有影子投射水中，牠們是寧死也不敢靠近的。水中繩子的陰影，竟把仙胎魚趕進了死胡同。

有時，人生也會生活有上的陰影，但如果像仙胎魚那樣，一見到陰影就膽怯、退縮，那麼，一抹小小的陰影，也會堵死人生的一切出路。

・心靈小棧

「月有陰晴圓缺」，「天有不測風雲。」生活並非總是陽光明媚的，偶爾會遭遇狂風暴雨的洗禮。但，人生沒有跨不過的陰影，鼓起勇氣去超越陰影，你就能看到生活的陽光和光明的前景。

不懂輸贏的生活

法國紀錄片《微觀世界》中有這樣一個場景：一隻屎殼郎，推著一個糞球，在並不平坦的山路上奔走著，路上有許許多多的沙礫和土塊，然而，它推的速度並不慢。

在路的正前方不遠處，有一根植物的刺，直挺挺地斜長在路面上，根部粗大，頂端尖銳，所以格外顯眼。也許是冥冥之中的安排，屎殼郎偏偏往這個方向來了，它推的那個糞球，一下子紮在了這根「巨刺」上。

然而屎殼郎似乎並沒有發現自己已經陷入困境。牠努力的推了一會兒，不見動靜。牠改成倒著往前頂，還是沒有動靜，牠又推走了周邊的土塊，試圖從側邊使勁——該想的辦法牠都想到了。但糞球依舊深深地紮在那根刺上，沒有任何出來的跡象。

觀眾不禁為牠的鍥而不捨好笑，因為對於這樣一隻外觀小巧而智力低微的動物來說，實在是想不出什麼解決這個「難題」的好辦法。就在觀眾暗自嘲笑牠，並等著看牠失敗之後如何沮喪離去時，它突然繞到了糞球的另一面，只輕輕一頂，咕嚕——頑固的糞球便從那根刺裡「脫身」出來。

牠贏了。

沒有勝利之後的歡呼，也沒有衝出困境後的長吁短歎。贏了之後的屎殼郎，就像是剛才什麼也沒有發生過一樣，牠幾乎沒有做任何的停留，就推著糞球急匆匆地向前去了。只留下觀眾們，在這個場景面前癡癡地發呆。

也許在生活的道路上，牠已經習慣了這樣的場景；也許牠活著，根本不需要像人一樣，需要許許多多的「智慧」；也許在牠的生命概念中，根本就不懂得輸贏。推得過去，是生活；推不過去，也是一樣的生活。

・心靈小棧

幸福只是一種感覺，痛苦也是一種感覺。也許生活原本就沒有痛苦。人之所以比動物痛苦很多，就是因為無法抵制計較得失的思想。

讓人沒有苦惱的地方

在生活中，總會聽到人們說：「如果能減輕一些辛勞和痛苦，最好完全沒有苦惱，這個世界就更美好了。」但事實果真如此嗎？

有一天，迪斯克走在紐約的第五大街上，朋友喬治從對面走過來。他神情落寞，鬱鬱寡歡，整個人看起來十分憔悴，他的情緒非常低落。迪斯克很同情他，和他打招呼：「喬治，你好嗎？」

他向迪斯克訴說他不如意的近況，愈聽他說，迪斯克就愈加憐憫他。

「為什麼受了那些衝擊，你就消沈下去了呢？」

他聽了之後有些氣急敗壞地說：「苦難太多了，倒楣的事接二連三，真是夠晦氣的了！我再也受不了了。」他激動得幾乎忘了和誰在說話，只顧埋怨地述說著自己所遭遇的苦難。就在喬治滔滔不絕說個沒完的當下，迪斯克插嘴道：「喬治，我很希望能幫助你，能不能告訴我，我應該怎麼做？」

他幾乎是慘叫般地說：「真的嗎？那就幫我趕走苦難吧！如果能做到，我們將會成為永遠的好朋友。」

任何時候我們都希望有機會與人成為莫逆之交。把喬治所處的境遇仔細思考後，迪斯克終於想到了一個解決的方法。也許對他來說是個不太愉快的建議，但至少是實際的。迪斯克問他：「喬治，請你誠實地回答。你剛才說希望趕走大部分的苦難。事實上，你是想最好就在這裡把全部的苦難都趕走吧？」

「沒錯，我的忍耐已經到了極限了。」他表情沈悶地回答道。

「知道了。我相信可以幫得上忙。前幾天我到一個地方去辦事。那裡的負責人說他們那裡有十萬人，但沒有一個人有苦惱。」

喬治的眼睛第一次亮了起來，臉色紅潤，他由衷地說：「那正是我希望去的地方，請帶我去那裡吧！」

迪斯克回答說：「不過，那裡是烏德倫墓地。」

・心靈小棧

對於有志者來說，苦惱越多就越充滿活力。因為這意味著：擺脫這些苦惱，你就升華了人生。面對人生旅途上遇到的一切問題，要冷靜地面對，理性地思索，努力探求應對和解決的辦法。

不停抱怨的徒弟

有一個師父對於徒弟不停地抱怨這抱怨那感到非常厭煩。於是，有一天早晨，他派徒弟去取一些鹽回來。

當徒弟很不情願地把鹽取回來後，師父讓徒弟把鹽倒進水杯裡，然後喝下去，並問他味道如何。

徒弟吐了出來，說：「很鹹。」

師父笑著讓徒弟帶著一些鹽，跟著他一起去湖邊。

他們一路上沒有說話。

來到湖邊後，師父讓徒弟把鹽撒進湖水裡，然後對徒弟說：「現在你喝點兒湖水。」

徒弟喝了口湖水。師父問：「有什麼味道？」

徒弟回答：「很清涼。」

師父問：「嚐到鹹味了嗎？」

徒弟說：「沒有。」

然後，師父坐在這個總愛怨天尤人的徒弟身邊，握著他的手說：「人生的痛苦如同這些鹽，有一定的數量，既不會多也不會少。我們所承受痛苦的容積大小可以決定痛苦的程度。所以，當你感到痛苦的時候，就把你的承受的容積放大些，不是一個杯子，而是一個湖。」

・心靈小棧

痛苦儘管難以忍受，但它畢竟是有限的，而我們承受一切的心胸可以無限擴大，以致包容一切。心胸開闊，痛苦自然會變得無足輕重。

起點

米契爾曾經是一個不幸的人。一次的意外事故，把他身上百分之六十五以上的皮膚都燒壞了，為此他動了十六次手術。手術後，他無法拿起叉子，無法撥電話，也無法一個人上廁所，但以前曾是海軍陸戰隊員的米契爾從不認為他被打敗了。

他說：「我完全可以掌握我自己的人生之船，我可以選擇把目前的狀況看成一個起點。」

六個月之後，他又能開飛機了！米契爾為自己在科羅拉多州買了一幢維多利亞式的房子，另外也買了房地產，一架飛機及一家酒吧，後來他和兩個朋友合資開了一家公司，專門生產以木材為燃料的爐子，這家公司後來變成佛蒙特州第二大私人公司。米契爾開辦公司後的第四年，他開的飛機在起飛時又摔回跑道，把他胸部的十二對肋骨全壓得粉碎，腰部以下也永遠癱瘓！

「我不瞭解的是為何這些事老是發生在我身上，我到底是造了什麼孽？要遭到這樣的報應？」

米契爾仍不屈不撓，日夜努力使自己能達到最高限度的獨立自主，他被選為科羅拉多州孤峰頂鎮的鎮長，以保護小鎮的美景及環境，使之不因礦產的開採而遭受破壞。米契爾後來也競選國會議員，他用一句「不只是另一張小白臉」的口號，將自己難看的臉轉化成一項有利的資產。

儘管面貌駭人、行動不便，米契爾卻墜入愛河，並且完成終身大事，也拿到了公共行政碩士，並持續他的飛行活動、環保運動及公開演說。

米契爾說：「我癱瘓之前可以做一萬件事，現在我只能做九千件，我可以把注意力放在我無法再做的一千件事情上，或是把目光放在我還能做的九千件事情上，我告訴大家說我的人生曾遭受過兩次重大的挫折。如果我能選擇不把挫折拿來當成放棄努力的藉口，那麼，或許你們可以用一個新的角度，來看待一些一直讓你們裹足不前的經歷。你可以退一步，想開一點，然後你就有機會說：『或許那也沒什麼大不了的！』」

・心靈小棧

記住：「重要的不是到底發生了什麼事，而是你如何看待它們。」或許，生活中的不幸是難免的，只要你不認輸，就有機會，就有未來！

淡定

一天晚上，馴獸師像往常一樣演出。在眾人矚目之下，他領著幾隻老虎進入鐵籠子，然後將門鎖上。觀眾緊張地注視著聚光燈下的鐵籠子，看馴獸師如何瀟灑地揮舞鞭子、發號施令，看威武的老虎如何服服貼貼地做出各種雜耍動作。演出越來越精彩，可是就在這時，糟糕的事情發生了：現場突然停電！馴獸師被迫待在獸籠裡與兇猛的老虎為伍。黑暗中雙眼露兇光的孟加拉虎就近在咫尺，而他卻看不到牠們，只有一根鞭子和一把小椅子可作防身之用。在長達一分鐘的時間裡，觀眾的心情忐忑不安，都為籠子裡的馴獸師擔憂。然而，在燈重新亮了以後，大家驚喜地發現馴獸師安然無恙，之後他平靜地將整個演出完成。

在後來的採訪中，記者問他，他當時是否害怕老虎會朝他撲過來。馴獸師說，一開始自己確實感到毛骨悚然，但他馬上就鎮靜下來，因為他意識到了一個非常重要的事實：雖然他看不見老虎，但老虎並不知道這一點。「所以，我只需像往常一樣，不時地揮動鞭子、吆喝，就當什麼事也沒發生一樣，不讓老虎覺得我看不到牠們。」

「就當什麼事也沒發生一樣」，簡簡單單的一句話，然而做起來並不容易！如果馴獸師被停電這一意外給嚇呆了，沒有做到「就當什麼事也沒發生一樣」，等待他的將會是什麼樣的命運？

・心靈小棧

在複雜多變的生活中，當困難和挫折不期而至時，千萬不可不知所措，放棄自己為之奮鬥的理想。只要冷靜下來，就當什麼事也沒發生一樣，泰然處之，就能夠化險為夷。

盲眼士兵

傑瑞進入軍中服役，並且奉命參加以色列和阿拉伯之間的戰爭。他在一次戰爭中眼睛受到嚴重的損傷，眼睛也因此而看不見東西。雖然他受了這麼大的傷楚和苦痛，個性仍然十分開朗。他常常與其他病人開玩笑，並把自己配給到的香煙和點心分贈給好朋友。

醫師們都盡心盡力想恢復傑瑞的視力。一天，主治大夫親自走進傑瑞的房間向他說道：

「先生，你知道我一向喜歡對病人實話實說，從不欺騙他們。我現在要告訴你，你的視力是不能恢復了。」

時間似乎停下來，房間裡呈現可怕的靜默。

「大夫，我知道。」傑瑞終於打破沈寂，平靜地回答道，「其實，我一直都知道會有這個結果。非常感謝你為我費了這麼多心力。」

幾分鐘之後，傑瑞對他的朋友說道：「我覺得我沒有任何理由可以絕望。沒錯，我的眼睛瞎了，但，我還可以聽得到，也能開口說話，我的身體強壯，不但可以行走，雙手也十分靈敏。何況，就我所知，政府可以協助我學得一技之長，以讓我維持生計。我現在所需要的，不過是適應另一種新生活罷了。」

這就是傑瑞，一名擁有明亮視野的盲眼士兵。

人生不管遭受多麼大的不幸，你都能夠依靠道德和勇氣戰勝它。如果你忙著計算自己所擁有的幸福，就沒有時間去詛咒自己的不幸了。

・心靈小棧

賓斯托克指出：「人生乃是長期在考驗我們的毅力，唯有那些能夠堅持不懈的人，才能得到最大的獎賞。毅力到此地步可以移山，也可以填海，更可以從蕓蕓眾生中篩選出成功的人。」

成為情緒的主人

扮演「超人」的克里斯多福・里夫，在一九九五年的一次墜馬中，因傷勢嚴重，導致頸部以下全部癱瘓。三年來，他憑著堅強的意志，與死神做著不懈的抗爭。

經過一年的知覺訓練，他脊椎末端的神經又恢復了知覺。他說，現在碰它一下，就有疼痛的感覺，但這疼痛感覺很舒服，「請相信我說的全是真的。」

大多時候，疼痛是一種痛苦，但「超人」這回的痛，是生命的一道亮光。人有一種可貴的智慧，便是給每一種現象賦以意義。西班牙和美國心理學家在一九九二年巴賽隆納奧運會田徑比賽場上，用攝影機錄下了二十名銀牌獲獎者和十五名銅牌獲獎者的情緒反應。心理學家們發現，在衝刺之後和在頒獎臺上，「第三名」看上去比「第二名」更高興。

研究人員分析認為：因為銅牌的獲獎者通常都不是抱著很高的期望，能獲得銅牌已經很高興了；而銀牌得主往往是為了金牌而來的，因此就會因為沒有奪得金牌而感到難過。確實，在領獎後採訪獲獎運動員時，許多亞軍都傷心地說：「差一點就成了冠軍，真遺憾。」而季軍獲得者卻說：「差一點就名落孫山，真幸運。」

・心靈小棧

你是否能夠經常保持愉快的心情，能否成為情緒的主人，關鍵在於你站在什麼位置、什麼角度去看問題。只要你從積極樂觀的方面考慮問題，不幸和煩惱自然就會離你而去。

接受不能改變的事實

去年初秋，巴特西的丈夫比爾接到長途電話之後，轉過身來對她說：「妳父親被送去醫院的急診室，是嚴重的心臟病。」巴特西能看得出她雖然內心恐懼，但又竭力表現出很冷靜的樣子。

「爸爸這次是真的病得很嚴重。」

比爾帶著巴特西飛速驅車去機場時，她心裡在祈禱，「啊，親愛的上帝，讓我爸爸活下去吧！」

當她走進醫院爸爸的病房時，母親一句話也沒說。她們默默地抱在一起。巴特西坐在母親的身邊祈禱著：「讓我爸爸活下去吧！」

在整整三個星期裡，她和媽媽就這樣日夜守護著父親。

有一天早晨，爸爸恢復了知覺，他還握住了巴特西的手。他心臟的問題雖然較為穩定，但其他問題又出現了。

凡是巴特西沒有父親或母親在一起時，她就去醫院的小教堂裡，她總是禱告著同一句話：「讓我爸爸活下去吧！」

一天晚上，她接到比爾寄來的一張卡片，上面寫著：「要相信上帝的答案，親愛的。」

巴特西站在醫院的配膳間裡，手裡握著一張弄皺了的卡片，一會兒哭，一會兒笑，母親不明白這是為什麼。巴特西想：「比爾比我早意識到我的那些祈禱其實全都錯了。」

第二天清晨，巴特西在醫院小教堂裡平靜地祈禱：「親愛的上帝，我知道我的願望是什麼，但對爸爸來說這並不見得是最好的答案。您也愛他。因此我現在要把他放在您的手中。讓您的意願——而不是我的——實現吧！」

在那一瞬間，她覺得如釋重負。不管上帝的答案是什麼，她知道對她父親所做的一切都是正確的。

兩個星期後，她的父親與世長辭了。

第二天，比爾帶著孩子們趕來了。他們的兒子哭著說：「我不願意讓外公死，他為什麼會死呢？」

巴特西緊緊地抱著兒子讓他哭個夠。

從窗戶遠望，她看見群山和碧藍的天，想著她深深敬愛的父親，也想到他所遭受的無法醫治的病痛。此時，比爾的手放在她的肩上。

巴特西輕輕地說：「顯然，這就是答案。」

‧心靈小棧

人都免不了有生老病死的經歷。上了年紀的親人終將離我們遠去，這是無法改變的自然規律。當親人到了彌留之際，與其苦苦祈禱，讓親人放慢離去的腳步，不如坦然地接受不能改變的事實，讓自己保持一分寧靜的心情。

微笑面對生活

那一天，伊麗莎白．康妮接到國防部的電報，說她的侄子——她最愛的一個人——在戰場上失蹤了。

康妮一下子心跳不止，寢食難安。過了不久，又接到了陣亡通知書。此時，她的心情無比悲傷。

在那件事發生以前，康妮一直覺得命運對自己很好。

她說：「偉大的上帝賜給我一份喜歡的工作，又讓我順利地將相依為命的侄子撫養長大。在我看來，我侄子代表著年輕人美好的一切。我覺得我以前的努力，現在都應該有很好的收穫……」

然而，現在卻要我接受這樣殘酷的事實，她的整個世界都被粉碎了，她覺得再也沒有什麼值得自己活下去的意義了，她找不到繼續生存下去的藉口。

她開始消極的面對她的工作，不與朋友聯絡，她拋開了生活的一切，對這個世界既冷淡又怨恨。

「為什麼我最愛的侄子會死？為什麼這麼一個好孩子——還沒有開始他的生活就離開了這個世界？為什麼他會死在戰場上！」

她覺得自己沒有辦法接受這個事實。

她悲傷過度，決定放棄工作，離開家鄉，把自己藏在眼淚和悔恨之中。就在她清理桌子準備辭職的時候，突然看到一封她已經忘了的信——一封她的侄子生前寄來的信，當時，他的母親剛剛去世。

侄子在信上說：「……當然我們都會想念她的，尤其是您。不過我知道您會平靜度過的，以您個人對人生的看法，就能讓您堅強起來。我永遠不會忘記那些您教導我的美麗的真理。不論我在哪裡生活，不論我們分離得多麼遙遠，我永遠都會記得您的教導，您教我要微笑的面對生活，要像一個男子漢，要承受一切發生的事情。」

康妮把那封信讀了一遍又一遍，覺得侄子彷彿就在自己的身邊，正在對自己說話。他好像在對自己說：「您為什麼不照您教導我的辦法去做呢？堅持下去，不論發生什麼事情，把您個人的悲傷藏在微笑的下面，繼續生活下去。」

侄子的信給康妮莫大的鼓舞，她覺得人生又充滿著期望，她又回去工作了。她不再對人冷淡無禮。她一再對自己說：「事情到了這個地步，我沒有能力改變它，不過我能夠像他所希望的那樣繼續活下去。」

康妮把所有的思想和精力都用在工作上，她寫信給前方的士兵——給別人的孩子們；晚上，她參加成人進修班——要找出新的興趣，結交新的朋友。她幾乎不敢相信發生在自己身上的種種變化。

她說：「我不再為已經過去的那些事情悲傷，現在我每天的生活都充滿了快樂，就像我侄子要我做到的那樣。」

・心靈小棧

喬治五世掛在白金漢宮上的一句名言是：「不要為月亮哭泣，也不要因事後悔。」我們必須深知覆水難收的道理，很顯然，環境本身並不能使我們快樂或者是不快樂，我們對周圍環境的反應才能決定我們的感覺。

撒旦的武器

英國的倫敦塔原是囚禁政治犯的監牢。在一間囚室的石牆上，有位犯人刻下這樣的一句話：「殺人的不是逆境，而是遇到逆境時那種消沈煩躁的心情。」至今歷時三百年，牆上的刻痕仍在，也給觀光客留下無限憑吊的感慨。

恐怕很多人都不知道，魔鬼撒旦攻擊人類最有效的武器不是憤怒、驕傲、嫉妒和怨恨，而是微不足道的沮喪和失意。

它們會悄悄侵襲到你心中，一點點瓦解你的意志，銷蝕你的信心和勇氣，使你落入毀滅的陷阱而不自覺。

當災難初次打擊到一個人時，他第一個反應往往是懷疑：「這會是我嗎？」他不敢相信厄運會突然降臨到他身上，繼之是憤怒：「為什麼偏偏是我？」他覺得不公平，別人都活得好好的，卻由他來承受這樣的痛苦和不幸，他憤怒、怨恨、詛咒，恨不得把全世界都毀滅掉。

但是，當這一切都無法改變事實，他開始感到惶恐、不安、無助，沮喪和失意的病毒便漸漸征服了他，使他消沉、自暴自棄，抱著一種聽天由命、自生自滅的消極態度。到了這種地步，實際上他的心已經死了。

在人的一生中，誰都避免不了遭遇一些挫折打擊，一些讓我們傷心流淚的時刻。但我深信，人生的苦難雖多，生命的韌力卻比這一切更堅強，只要你下決心好好地活著，你就能好好地活下去。生存的本能是上帝賦予人類極大的權利，只是很多人都未曾發揮。

・心靈小棧

在任何環境下都要保持樂觀的心態。不要放棄自己，勇敢地接受生命的挑戰。有一天，我們可以老死、病死、窮死，但絕不能允許自己失望而死，消極而死！

不愉快的聖誕假期

鮑勃和瑪麗結婚幾年之後的某個耶誕節的前一天，那時是充滿喜悅歡慶的假日，而瑪麗偏偏患了極為嚴重的流行性感冒。生病本來就是令人不愉快，尤其是在聖誕假期，美食佳肴正等待大家去品嘗，在此時生病真是大為掃興。

她是如此熱愛耶誕節，鮑勃也極不樂意看到她在耶誕節來臨時臥病在床。為了想幫她解除身體的不適，鮑勃打電話給沃廷頓醫生約了門診的時間。當天早上，瑪麗已嘔吐得一塌糊塗。

等到要出門去找醫生的時候，她表示病得走不出門了。鮑勃在一旁不停地勸說她才答應去求醫。鮑勃幫妻子穿上保暖的厚衣服，扶她到車上，小心翼翼地載她到醫生門診處去看病。

他們到達時，門診處外的候診區坐滿了人。照往例，瑪麗到診間裡面看病的時候，鮑勃就坐在候診室等待。等了一陣子之後，鮑勃仍然記得護士走出診間，在候診室尋找他的時候，眼睛流露出十分關懷的眼神，他揮手叫鮑勃入內。他們一起進入檢查室，瑪麗穿戴整齊，安靜地坐在看診桌旁，她看起來真慘，醫生用極為慎重的聲音向他們打招呼。

「鮑勃，我在說明她的病情時，希望你也在場。」他的語調低沈，「我們已經做了好幾個檢查，此時此刻我們對瑪麗的情況也無能為力，在之後的好幾個星期她的情形可能更糟，然後才能穩定下來，再過四個禮拜回來複診，以便檢查她的狀況。」

瑪麗很虛弱地說：「那麼，我必須病懨懨地過耶誕節了？」

「是的，恐怕是這樣。」

「醫生，她到底得了什麼病？」

醫生深深地吸了一口氣，在回答鮑勃之前看著他的眼睛說：「鮑勃，這就是我為什麼叫你坐在她身邊的原因。我想她所得的病，正是因你而來的。」

「我？不過，我很好啊！」鮑勃感到一頭霧水。

「我知道你很健康，這是很正常的。」醫生的關心轉為開朗的笑容，「鮑勃，瑪麗懷孕了。」

這個消息令鮑勃震驚；瑪麗先是大笑，然後哭泣，接著又吐得一塌糊塗。這正是鮑勃當時所感受的喜悅，看起來好像也是給了瑪麗一個意外的驚喜，然而，凝視她的雙眸，看到她的淚水，感受到醫生宣佈好消息時，她的手指捏著他的手所傳來的電流，那一刻將永遠刻畫在他的腦海裡，那是他有史以來得到的最大的聖誕禮物。看到瑪麗快樂的樣子也等於創造了他的幸福。

雖然她整個早上多半的時間都在嘔吐，不過那個耶誕節卻成為瑪麗所享受過的最快樂的耶誕節之一。

他們的小寶寶就在七個月之後誕生，從此他們的人生邁入一個另更完整的家庭。

・心靈小棧

每個人有不同的快樂時光。男人與女人有不同的快樂，甚至丈夫和妻子的感受也不同。它們可能稍縱即逝，只停留片刻；然而，當喜悅來臨時，人生會變得異常奧妙神奇。

當以各種形式出現的喜悅的時光來臨時，要正確地分辨，好好去品嘗，用心去享受。

珍惜每一天

一個年輕人問智者：「你為什麼能活得這樣快樂？」

智者說：「我經常假設今天就是生命的最後一天，把每一天當成生命的最後一天去珍惜，如果不珍惜，我馬上就會被世界所拋棄，我將無法繼續奮鬥、無法繼續熱愛、無法繼續享受；對於我曾經傷害過的人，我甚至沒有機會去道歉；對於曾經幫助過我的人，我也沒有機會去報答……想到這些，我覺得我必須把每一天活出它的意義來。

我要好好工作，我要好好享受，我要珍惜每一分鐘，我要善待每一個人，我要善待我自己。這樣邊想邊做，一天的三分之二就過去了。然後，還有三分之一的時間是黑夜，黑夜裡我無法做我想做的事情，我必須上床休息，這一覺睡去以後，我也許從此不會睜開眼睛，重返人間。」

「在這一天裡把所有的事情都做完了，你明天又做什麼呢？」年輕人問。

「明天？明天又是新的一天、新的一生了，我應該活出一個全新的我來！」智者答道。

・心靈小棧

每一天都是全新的感覺，每一天都應倍感珍惜，每一天都要完成特定的任務，這樣的人生才稱得上是無怨無悔。

「低著頭」走完一生的人

哈斯夫婦倆一直渴望有個孩子，而且也老早就取好了孩子的名字——庫茲亞，但是，他們卻等了十多年才如願以償。

庫茲亞是他們的寶貝，哈斯夫婦想盡辦法教導兒子，連走路的方式也清清楚楚地告知：「我的好孩子，走路時記得要看著地上！如果你走在木板上要專心看著腳底下，因為木板最容易讓人滑倒。」這是庫茲亞開始學習走路時爸爸對他的叮嚀。

乖巧的庫茲亞也相當遵從父親的教導，只要走在木質地板上，他一定緊盯著腳下的步伐。有一天，哈斯一家人來到山上遊玩，爸爸又教導庫茲亞：「在山路行走時，你還是要看著地上，每一步都要相當小心，不然你會從山頂摔到山谷中；而下山坡時，你一樣要看著腳下，否則一個閃失，你就會扭傷腳踝的，知道嗎？」

庫茲亞點了點頭，說：「是的，爸爸！」

有一天，庫茲亞準備到海邊旅行，媽媽連忙叮嚀他：「兒子啊！當你走在沙灘上時，千萬要小心啊！雙眼一定要緊盯著腳下，因為海浪隨時都會出現，幸運點兒只會濺濕了你的全身，最可怕的是它會將你捲入海裡。」

不幸的是，在海邊的叮嚀後不久，哈斯夫婦相繼離開了庫茲亞。可憐的庫茲亞逐漸長大了，從小就習慣聽爸爸媽媽的引導與叮嚀，如今他只能在過去的叮嚀中，繼續生活；對於父母的話，他仍然相當遵從。

庫茲亞認真執行父母的叮囑，在木板上、在田野間、在上山與下山時，他都用心地盯著腳下。即使來到沙灘，聽見美麗的浪潮聲，他也不會抬頭看看，聲音是從哪裡來的。不管走到哪裡，「聽話」的庫茲亞，總是低著頭往前走。

庫茲亞從來沒有跌倒過，也沒有滑倒或碰傷過，一生幾乎是毫髮無傷的他，就這麼「低著頭」，走完他的一生。不過，在他臨死前，他仍然不知道，原來天空是藍色的，天上不僅有美麗的雲彩，還有耀眼迷人的星星。此外，他也不知道自己所走過的每一個地方，風光是多麼美麗。

・心靈小棧

生活的最大趣味，就在於它那變幻莫測、多姿多彩的風貌。只有不滿足於現狀，奮發向上，敢於嘗試和進取，才能領略更美好的人生。

沒有人困住你

阿木四處尋找解脫煩惱的祕訣。

這一天，他來到一個山腳下。只見一片綠草叢中，一位牧童騎在牛背上，吹著悠揚的橫笛，逍遙自在。

阿木走上前去詢問：「你看起來很快活，你能教我解脫煩惱的方法嗎？」

牧童說：「騎在牛背上，笛子一吹，什麼煩惱也沒有了。」

阿木試了試，不靈。

於是，他又繼續尋找。

阿木來到一條河邊。看見一位老翁坐在柳蔭下，手持一根釣竿，正在垂釣。他神情怡然，自得其樂。

阿木走上前去鞠了一個躬：「請問老翁，您能賜我解脫煩惱的辦法嗎？」

老翁看了阿木一眼，便溫和地對他說：「來吧，孩子，跟我一起釣魚，保証你沒有煩惱。」

阿木試了試，還是不靈。

於是，他又繼續尋找。不久，他來到一個山洞裡，看見洞內有一個老人獨坐在洞中，面帶滿足的微笑。

阿木深深鞠了一個躬，向老人說明來意。

老人問道：「這麼說你是來尋求解脫的？」

阿木說：「對對對！懇請前輩不吝賜教。」

老人笑著問：「有誰困住你了嗎？」

「……沒有。」

「既然沒有人困住你，又談何解脫呢？」

阿木頓時恍然大悟。

・心靈小棧

在生活中，我們的許多煩惱都是自找的。快樂就蘊藏在我們的心裡，你需要的只是調整心態，何苦去外求呢？

依然澄清透明的水

麥克失業後，心情糟透了。他找了鎮上的牧師。牧師聽完麥克的訴說，把他帶進一個老舊的小屋，屋子裡一張桌上放著一杯水。牧師微笑說：「你看這杯子，它放在這很久了，每天都有灰塵落在裡面，但它依然澄清透明。知道為什麼嗎？」

麥克認真的思索著，像是要看穿這杯子。他忽然說：「我懂了，所有的灰塵都沈澱到杯子底下了。」

・心靈小棧

生活中令人煩心的事很多，有些你越想忘掉越不易忘掉，那就記住它好了。如果你願意慢慢地、靜靜地讓它們沈澱下來，用寬廣的胸懷去容納它們，這樣，心靈並不會因此受到汙染，反而會更加純淨。

誰都會遇上麻煩事

有一天，素有森林之王之稱的獅子，來到了天神面前：「我很感謝您賜給我如此雄壯威武的體格、如此強大無比的力氣，讓我有足夠的能力統治這整片森林。」

天神聽了，微笑地問：「但是這不是你今天來找我的目的吧！你看起來似乎是正被某事所困擾著！」

獅子輕輕吼了一聲，說：「天神真是瞭解我啊！我今天來的確是有事相求。因為儘管我的能力再好，但是每天雞鳴的時候，我總是會被雞鳴聲給嚇醒。神啊！祈求您，再賜給我一些力量，讓我不再被雞鳴聲給嚇醒吧！」

天神笑道：「你去找大象吧！牠會給你一個滿意的答覆的。」

獅子興沖沖地跑到湖邊找大象，還沒見到大象，就聽到大象跺腳所發出的「砰砰」響聲。獅子加速地跑向大象，卻看到大象正氣呼呼地直跺腳。

獅子問大象：「你幹嘛發這麼大的脾氣？」

大象拼命搖晃著大耳朵，吼著：「有隻討厭的小蚊子，總想鑽進我的耳朵裡，害我都快癢死了。」

獅子離開了大象，心裡暗自想著：「原來體型這麼巨大的大象，還會怕那麼瘦小的蚊子，那我還有什麼好抱怨呢？畢竟雞鳴也不過一天一次，而蚊子卻是無時無刻地騷擾著大象。這樣想來，我可比他幸運多了。」

獅子一邊走，一邊回頭看著仍在跺腳的大象，心想：「天神要我來看看大象的情況，應該就是想告訴我，誰都會遇上麻煩事，而它並無法幫助所有的人。既然如此，那我只好靠自己了！反正以後只要聽到雞鳴，我就當做雞是在提醒我該起床了，如此一想，雞鳴聲對我還算是有益處呢？」

• 心靈小棧

當改變不了別人，改變不了環境的時候，如果能夠試著改變自己，調整好自己的心態，也是生活中的一種成功。

學會以苦為樂

有個屢戰屢敗的青年去算命。他跟算命老人聊了起來：「人生就是一場苦難，親情不可靠，友情不可靠，愛情也不可靠，這種日子要到什麼時候才能出頭呢？」

算命老人仔細看了半天他的面相，然後說：「到三十歲情況就會好轉了。」

青年面露喜色：「那麼，是不是三十歲以後，我就會苦盡甘來呢？」

算命先生說：「估計情形不會有太大的變化，不過你的心態會有很大的變化，因為三十歲以後你就學會以苦為樂了。」

・心靈小棧

生活中的苦和樂常常都是主觀的。關鍵是你以什麼樣的心態去面對。長期的幸福或痛苦都會使人麻木和感覺遲鈍。

掉在地上的冰淇淋

威爾森高興地拿著一大個蛋卷冰淇淋，一邊走一邊吃，好不快活。忽然一個不小心，整個可口的冰淇淋掉到地上，散成一片。威爾森呆在那裡不知所措，甚至也哭不出來，只是睜大了眼睛看著一地的冰淇淋。

這時，有個老太太走過來，對威爾森說：「好吧，既然你碰到這麼倒楣的遭遇，不如脫下鞋子，我教你玩一個好玩的遊戲！」

老太太說：「用腳踩冰淇淋，重重地踩，看冰淇淋從你腳趾縫隙中冒出來。」

威爾森照著她的話去做。

老太太高興地笑著：「我敢打賭，這裡沒有一個孩子過腳踩冰淇淋的有經驗！現在你跑回家去，把這有趣的經驗告訴你媽媽。」

接著，老太太說：「要記住！不管遭遇到什麼事情，你總可以在其中找到樂趣！」

這件事，使威爾森受到很大的啟發，他很快學會了這種處事原則。

不久後的一天午後，一場大雨在地面上形成一窪窪的小水坑。威爾森的媽媽帶著他，小心翼翼地避開人行道上的積水。不料，一輛疾駛而過的計程車，濺起一片水花，將母子二人潑了一身水。

母親極其懊惱之際，旁邊的威爾森卻興奮地對媽媽說：「遇水則發，我們要發了。」

正在生氣的母親聽到這樣可愛的童言稚語，也不禁莞爾一笑，兩人就快快樂樂的踩著積水回家了。

・心靈小棧……………………………………

也許你不能改變一件已經變糟的事情，但是，你可以改變你對這件事情的看法和它對你的影響，你可以選擇你的心情。

尋找樂藤

整個春季和夏季乾旱得連飲用的水都很難取得；莊稼快成熟需要陽光的時候，卻風雨交加。天災人禍使得小鎮的村民們浮躁不安，悶悶不樂。村長來一位找年輕力壯的男人，吩咐道：「聽說終南山一帶出產一種快樂藤，凡得此藤者，皆喜形於色，不知煩惱，你快去採吧！」

備足乾糧，配齊鞍轡，男子告別鄉里，策馬揚鞭，日夜兼程一路風塵朝終南山飛馳而去。

水沛草美的終南山麓，男子發現一處藤蘿纏繞的小屋，一位老師傅正辛勤地工作著。他身穿布衣而無怨，腹裹野菜而無悔，面露喜色，不知疲倦。男子畢恭畢敬的上前詢問：「師傅，這些藤蘿真的能使您快樂嗎？」

「當然。」

「可以送些給我嗎？」

「沒有問題。不過，快樂不能僅憑藉幾株藤蘿，其關鍵是要具備快樂的根。」

「埋在泥土中的根嗎？」

「不，埋在心中的根——那就是堅韌、堅強、執著、刻苦、純樸的品德。」

・心靈小棧

真正的快樂不是源自於外界，而是源自於我們的本身和內心。到外界尋求快樂，不如從自身努力。

肥皂泡泡裡的彩虹

《我希望能看見》一書的作者波紀兒・戴爾，是一個幾乎失明五十年之久的女人，她寫道：「我只有一隻眼睛，而眼睛上還滿是疤痕，只能透過眼睛左邊的一個小洞去看。看書的時候必須把書本拿得很貼近臉，而且不得不把我那一隻眼睛儘量往左邊斜過去。」

可是，她拒絕接受別人的憐憫，不願意別人認為她「異於常人」。小時候，她想和其他的小孩子一起玩跳房子，可是她看不見地上所畫的線，所以在其他的孩子都回家以後，她就趴在地上，把眼睛貼在線上瞄過去又瞄過來。她把她朋友所玩的那塊地方的每一個點都牢記在心，所以不久就成為玩遊戲的好手了。她在家裡看書，把印著大字的書靠近她的臉，近到眼睫毛都碰到書本上。她得到兩個學位：先在明尼蘇達州立大學得到學士學位，再在哥倫比亞大學得到碩士學位。

她開始教書的時候，是在明尼蘇達州山谷的一個小村裡，然後漸漸升到南德可塔州奧格塔那學院的新聞學和文學當教授。

她在那裡教了十三年，也在很多婦女俱樂部發表演說，還在電台主持節目介紹好書和作者。

她寫道：「在我的腦海深處，常常懷著一種怕完全失明的恐懼，為了克服這種恐懼，我對生活採取了一種很快活而近乎戲謔的態度。」

然後在她五十二歲的時候，奇蹟發生了。她在著名的梅育診所施行一次手術，使她能比以前看得更清楚四十倍。一個全新的、令人興奮的、可愛的世界展現在她的眼前。她現在發現，即使是在廚房水槽前洗碟子，也讓她覺得非常開心。

她寫道：「我開始玩著洗碗盆裡的肥皂沫，我把手伸進去，抓起一大把肥皂泡沫，我把它們迎著光舉起來。在每一個肥皂泡沫裡，我都能看到一道小小的彩虹所閃出的明亮色彩。」

・心靈小棧

馬克・吐溫說：「缺乏想像，有眼睛也沒有用。」

我們這麼多年來，每天生活在一個美麗的童話王國裡，可是許多人卻在混日子，看不見生活的美麗。你也可以對生活採取一種很快活的態度，這樣，一個可愛的世界馬上會展現在你的眼前。

美好聖誕夜

去年耶誕節前夕，威廉・里德洛和妻子及三個孩子一起到法國去旅行。這次，從巴黎到庇斯去。里德洛覺得一連幾天事事不順，下榻的旅店勒索敲詐，租來的汽車又出了毛病，真是令人懊惱。聖誕之夜，他們住進了一家又髒又暗的小旅店，心中早無歡度耶誕節的興致。

天氣寒冷，陰雨綿綿，里德洛一家出外就餐，走進一家裝潢草率、毫無生氣的小吃店。店內油煙味特別重，只有五張飯桌，一對德國夫婦，兩家法國人，還有一個沒帶朋友的美國海軍士兵。角落裡坐著一位鋼琴手，無精打采地彈奏著一首聖誕樂曲。

里德洛心灰意冷，情緒低落，實在不願再上他處了。環顧四周，發覺其他顧客也都沈默地吃著飯，只有那位美國海軍士兵似乎心情非常愉快，他一邊用餐，一邊寫信，臉上露出笑意。

里德洛的妻子用法語訂飯菜，但端上來的卻不是她點的餐點，他責備起妻子，她嗚咽起來，孩子們站在媽媽的旁邊安慰著她。里德洛的心情真是惡劣到極點了。坐在里德洛左邊的那一家法國人，做父親的因為一點雞毛蒜皮的小事動手打了小孩子，小孩開始號啕大哭；右面，德國女人訓斥起她的丈夫來。

這時，一股毫無清新之意、令人生厭的冷空氣湧進屋內，大家不約而同地抬起了頭——正門走進一個上了年紀的法國賣花女，她身穿一件舊外衣，濕答答的，一雙破爛的鞋子也濕透了。她拿著一籃花，從一張飯桌挪向另一張飯桌。

「買花嗎，先生？只要一法郎。」

眾人無動於衷。

賣花女疲憊地坐在美國海軍士兵和里德洛之間的桌子旁，朝店員喊道：「來一碗湯！整個下午連一束花也沒賣出去。」她又聲音嘶啞地向鋼琴手抱怨，「約瑟夫，聖誕前夕喝湯，你說是什麼滋味？」

鋼琴手指指空蕩蕩的錢包。

年輕的海軍士兵用完了餐，起身準備離開。他穿好衣服，走到賣花女的桌旁。

「聖誕快樂！」他微笑地挑出兩束胸花，「多少錢？」

「兩法郎，先生。」

士兵將其中一束小巧的胸花壓平，夾在寫完的信中，然後交給賣花女一張二十法郎的鈔票。

「我沒零錢，找不開，先生！」她說，「我跟店裡的會計先兌換一下。」

「不必了，夫人。」士兵俯身親吻了一下她那蒼老的面容，「這是我送給您的聖誕禮物。」

接著，他直起身，將另一束胸花拿在胸前，來到里德洛的桌旁。「先生！」他對里德洛說，「我可以將這些花獻給你漂亮的女兒嗎？」

他迅速將花遞給里德洛的妻子，祝福他們聖誕快樂後便離開了小吃店。

在座的每一個人都中止了用餐，望著士兵，寂靜無聲。轉眼間，耶誕節的氣氛像爆竹一樣在店內驟然炸響。年老的賣花女跳起來；約瑟夫的十指魔術般地按著琴鍵，頭部伴隨節奏晃動不止：里德洛的妻子隨著音樂揮舞胸花，開始歌唱，三個孩子也與媽媽一道，縱情高歌。

在這個裝璜簡陋的小吃店內，一個原本讓人沮喪的夜晚變成了最美好的聖誕之夜。

・心靈小棧

生活中儘管有時會有些不如意，其實是非常容易改變的，只要你願意改變，並不一定需要付出很多。

高僧的龍頭壺

有一個高僧，他是位陶壺的收藏家。

他酷愛陶壺，收集了無數個茶壺，只要聽說哪裡有好壺，不管路途多遠一定親自前往鑑賞，如果看中意了，而對方願意割愛，花再多錢他也捨得。在他所收集的茶壺中，他最中意的是一隻龍頭壺。

一日，一個久未見面的好友前來拜訪，於是他拿出這只茶壺泡茶招待這位朋友。二人開心地暢談著，朋友對這只茶壺所泡出的茶讚不絕口，因此好奇地將它拿起來把玩，結果一不小心將它掉落到地上，茶壺應聲破裂，全場陷入一片寂靜，每個人都為這巧奪天工的茶壺惋惜不已。

這時這位收藏家站了起來，默默收拾這些碎片，將他交給一旁的下人，然後拿出另一隻茶壺繼續泡茶說笑，好像什麼事也沒發生過一樣。

事後，有人就問他：「這是你最鍾愛的一隻壺，被打破了，難道你不難過、覺得惋惜嗎？」

收藏家說：「事實已經造成，摔碎的壺留戀又有何益？不如重新去尋找，也許能找到更好的呢！」

・心靈小棧

我們常常對已失去的事物，對已成為過去的美好情感總是念念不忘，對比眼前，往往會黯然神傷。既然已失去，既然已成為過去，我們是無法挽回的，不如豁達些，向前看，看看自己能夠試著做些什麼更有意義的事。

沒有缺陷

有一個年輕人非常勤奮，待人彬彬有禮，說他德才兼備一點也不為過。但是他一直為自身存在的缺陷苦惱著。

他是個只有一隻胳膊的獨臂人。

他的另一隻胳膊是上山砍柴時，不慎從山崖上摔下來摔斷的。從此後，他就覺得自己低人一等。

看著別人都那麼的活動自如，他實在抬不起頭來。

為了戰勝這種苦惱，他就更加發奮努力，每當鑽進書海裡，他就物我兩忘。但是，一放下書本，那種極端的痛苦與自卑又向他襲來。

聽人說山上住著一位八十多歲的高僧，他非常善於開導人。

年輕人慕名來到山上。

高僧接待了他，年輕人述說著自己的苦惱，然後把那隻因為沒有手臂而空著的袖子轉向高僧：「不信你看，這就是折磨我多年的缺陷。」

高僧把手伸進年輕人的袖管裡，然後抬起頭來微笑道：「什麼缺陷？你的袖子裡什麼都沒有！」

・心靈小棧

生活中，很多的煩惱都是自己無端自尋的。世間有那麼多美好的東西，何必非要把目光停留在那些不盡如人意的事情上呢？

外面還有什麼

有好多天了，慧能小和尚獨坐寺內，悶悶不語。

師父看出了其中的玄機，也不語，微笑的領著弟子走出寺門。

門外，是一片大好的春光。

師父依舊不語，懷抱春光，打坐於萬頃溫暖的柔波裡。

放眼望去，天地之間彌漫著清新，半綠的小草?芽，斜飛的小鳥，動情的水河。慧能小和尚深深地吸了口氣，偷窺師父，師父正安詳地打坐在山坡上，心中空無一物。

小和尚有些納悶，不知師父葫蘆裡到底賣的是什麼藥。

過了晌午，師父才起來，還是不說一句話，不打一個手勢，領著弟子回到寺內。

剛到寺門，師父突然往前跨一步，輕掩上兩扇木門，把小和尚關在寺門外。

小和尚不明白師父的意旨，徑自坐在門前，半天納悶不語。很快，天色暗了下來，霧氣籠罩了四周的山岡，樹林、小溪、小鳥也漸漸變得越來越少了。

這時，師父在寺內呼喚他的名字，進去後，師父問：「外面現在怎麼樣了呢？」

慧能答：「全黑了。」

「還有什麼嗎？」

「什麼也沒了。」慧能又回答說。

「不，外面還有清風、綠草、鮮花、小鳥，一切都還在。」

慧能當下頓悟，明白了師父的苦心，這些天籠罩在心頭的陰霾一掃而空。

・心靈小棧

一位哲人說過：「幸福只是一種感覺。」人生往往如此，有的人活得很黯淡，並不是因為他的生活中缺乏陽光，而是消極的心態早已把所有朝向陽光的窗戶緊緊關上了。

不能再失去的好心情

一位疲憊的詩人去旅行，出發沒多久，他就聽到路邊傳來一陣悠揚的歌聲。那是一個快樂男人的聲音。

他的歌聲實在太快樂了，像秋日的晴空一樣明朗，如夏日的泉水一樣甘甜，任何人聽到這樣的歌聲，都會馬上被感染，讓快樂把自己緊緊地包裹起來。

詩人駐足聆聽。

歌聲停了下來。一個男人走了出來，他的微笑甚至比他本人出來得更早。

詩人從來沒有見過一個人能笑得這樣燦爛，只有一個從來沒有經歷過任何艱難困苦的人，才能笑得這樣燦爛，這樣純潔。

詩人上前問候：「你好，先生，從你的笑容就可以看得出來，你是一個與生俱來的樂天派，你的生命一塵不染，你既沒有嘗過風霜的侵襲，更沒有受過失敗的打擊，煩惱和憂愁也沒有敲過你的家門……」

男人搖搖頭：「不，你錯了，其實就在今天早晨，我還丟了一匹馬呢！那是我唯一的一匹馬。」

「最心愛的馬都丟了，你還能唱得這麼高興？」

「我當然要高興的唱了，我已經失去了一匹好馬，如果再失去一份好心情，我豈不是要蒙受雙重的損失嗎？」

・心靈小棧

「人生之不如意十之八九。」在很多時候，得失成敗並不會如我們所期望的那樣可以選擇。但是，生活中的苦樂全在於我們的感覺，以更率真的態度對待發生的一切吧！

照常升起的太陽

一位滿臉愁容的生意人來到智者的面前。

「先生，我急需您的幫助。雖然我很富有，但人人都對我橫眉冷淡。生活真像一場充滿爾虞我詐的廝殺。」

「那你就停止廝殺。」智者回答他。

生意人對這樣的告誡感到無所適從，他帶著失望離開了智者。在接下來的幾個月裡，他情緒變得更加的糟糕，與身邊每一個人爭吵鬥毆，由此結下了不少冤家。一年以後，他變得心力交瘁，再也無力與人一爭長短了。

「哎，先生，現在我不想跟人家鬥了。但是，生活還是如此沈重——它真是一副沉重的擔子呀。」

「那你就把擔子卸掉。」智者回答。

生意人對這樣的回答很氣憤，怒氣衝衝地走了。在接下來的一年當中，他的生意遭遇了挫折，並最終喪失了所有的家當。妻子帶著孩子離他而去，他變得一貧如洗，孤立無援，於是他再一次向這位智者請教。

「先生，我現在已經兩手空空，一無所有，生活裡只剩下了悲傷。」

「那就不要悲傷。」生意人似乎已經預料到會有這樣的回答，這一次他既沒有失望也沒有生氣，而是選擇待在智者居住的那個山的某一個地方。

有一天，他突然悲從中來，傷心地號啕大哭了起來——幾天，幾個星期，乃至幾個月地流淚。最後，他的眼淚哭乾了。他抬起頭，早晨溫煦的陽光正普照著大地。他於是又來到了智者那裡。

「先生，生活到底是什麼呢？」

智者抬頭看了看天，微笑著回答道：「一覺醒來又是新的一天，你沒看見那每日都照常升起的太陽嗎？」

・心靈小棧

生活不是悠閒的漫步，但是，你可以適當調整自己的心態，以閒適的心情來面對每一天，每一件事。

煩惱樹

一個農場主，雇了一個水管工來安裝農舍的水管。

水管工的運氣很糟，頭一天，先是因為車子的輪胎爆裂，耽誤了一個小時。再來就是電鑽壞了。最後呢，開來的那輛載重一噸的老爺車拋錨了。

他收工後，雇主開車把他送回家去。到了家前，水管工邀請雇主進去坐坐。在門口，滿臉晦氣的水管工沒有馬上進去，沈默了一陣子，再伸出雙手，撫摸門旁一棵小樹的樹枝。

待到門打開，水管工笑顏逐開，和兩個孩子緊緊擁抱，再給迎上來的妻子一個熱情的吻。

在家裡，水管工興高采烈地招待這位新朋友。

雇主離開時，水管工陪他向車子走去。雇主按捺不住好奇心，問：「剛才你在門口所做的動作，有什麼用意嗎？」

水管工爽快地回答：「有，這是我的『煩惱樹』。我到外頭工作，遇上挫折，總是難免的。可是煩惱不能帶進門，這裡頭有太太和孩子。我就把它們掛在樹上，讓老天爺管著，明天出門再拿走。奇怪的是，第二天我到樹前去，『煩惱』大半都不見了。」

生活和工作中難免會遇到令人不愉快和煩悶的事情，這時人在壓力情境中難免會有種種消極的、衝突的、痛苦的情緒反應。當你對生活環境感到極端厭倦、壓抑時，應適當的發洩一下內心的鬱悶，使積結的不快情緒得到徹底宣泄，這是一種取得心理平衡好方法。

・心靈小棧

一位哲人說：「你如果不能改變事實，就不如改變想法。什麼事都儘量往好處想，決不能鑽牛角尖。我可以製造情緒，或者引導情緒，但不能被情緒牽著走。」

趕走沮喪

每當弗利德心情煩悶時，他總是習慣於避開同事，只和工人打交道，直至情緒緩解。一天，弗利德心情沮喪，恰巧他必須出席有上司在場的一個重要會議。他只好強顏歡笑，自始至終假裝成一個快樂而溫厚的人。令他驚訝的是，他發現自己居然不再感到沮喪了。

弗利德沒有意識到，他已經接觸到心理學研究方面的一個新的重要原理：扮演某種角色，可以幫助我們在處境尷尬時增強信心，在預感到不妙時放鬆情緒。

多年來，心理學家和心理醫師一直認為，一般說來，患者總是先改變觀念和感覺，繼而改變行為舉止。因此，在治療中，必須首先幫助病人分辨清楚是什麼事情使他產生這種感覺。例如，是他所經歷的戀愛使他變得羞怯？或者自卑？然後，醫生和患者必須為改變這些感覺而共同努力，最終引導患者做行為上的改變。

美國加利福尼亞醫學大學提供了最新的研究訊息。心理學家保羅・愛克曼和他的兩位同事邀請志願者做實驗，他們設計了面部的六種表情，每種表情都代表著一種情緒：驚訝、厭惡、悲哀、憤怒、恐懼和快樂。奇怪的是，當志願者露出恐懼的表情時，他們的軀體似乎也會做出恐懼的姿態，同時伴有心率加快和體溫下降等生理異常現象。在其他五種表情的試驗中，也都有不同程度的類似情況發生。例如，當志願者假裝發怒時，他們的心律加速、體溫上升；而在做出厭惡的表情時，則是心律減慢、體溫下降。

・心靈小棧

採取一些簡單的行動——比如微笑，就可以把抑鬱不悅、精神緊張、莫名的恐懼等令人煩惱的情緒一掃而光，從而獲得你所希望的快樂、輕鬆和自信。

創造學的誕生

美國人奧斯本具有很強的創造力，並且，創造出一個以「創造」為職志的人生。

一九三八年，二十五歲的奧斯本失業了，只有高中程度的奧斯本想當個記者。可是，靜下來想想，自己沒有受過這方面的教育，這怎麼行呢？

奧斯本是個十分好強的人，最後他還是去應聘了。

報社主編問他：「在辦報方面你有受過什麼訓練與經驗？」

奧斯本作了精彩萬分的自我介紹後又說：「我還寫了一篇文章。」

主編接過讀罷，搖搖頭說：「年輕人，你的文章不怎麼樣，甚至還有不少語法、邏輯與修辭上的毛病……」

聽到這裡，奧斯本有如被重重擊了一拳般，但是，他咬緊牙關聽下去。

主編又說：「可是還是有獨到的東西，是的，有獨到的見解。這很可貴！這個獨到的東西是創造的結果。憑這一點，我願意試用你三個月。」

主編握住了奧斯本的手，臨走前還叮嚀：「好好做吧！」狂喜的奧斯本反覆體會主編的話，原來創造性有那麼重要。他又反覆讀自己的文章，像嚴厲的法官那樣解剖分析自己：知識不夠，卻充滿神思遐想，這大概就是創造性吧？

他模模糊糊地意識到人的價值在於創造，他決心要做一個有創造性的人。他還擬定：從到報社上班的第一天起，就天天提出一條創造性的建議。

整整的一個星期日，他研究主編給他的一大疊報紙，又買回其他各種報刊進行比較，於是，眾多的構想產生了。

星期一他去上班了，這是他第一天到報社，他竟迫不及待地衝進主編辦公室並胸有成竹地大聲說：「主編先生，我有一個想法。」

主編瞪大眼睛看看奧斯本，聽他一口氣說完「想法」後給嚇住了。

原來奧斯本說：「看來，廣告是報紙的生命，我們又無法與各大報紙競爭大廣告；而小工廠、小商店做不起大廣告，他們又急於想把自己的產品或商品告訴更多的人，我們何不創造條頭廣告，以低廉的收費來滿足這一層次的工商業者的需要？」

這就是現在報紙廣泛採用的一條一條的分類廣告。當主編弄清楚奧斯本的「想法」後，高興地稱讚說：「好啊！好啊！真是一個了不起的想法！」

奧斯本堅持發揮自己「神思遐想」的長處，堅持天天提一條創造性的建議，也即「日有一創」，僅僅兩年，就使這個小報發展壯大起來，成為一個實力雄厚的報業，他本人也由於獲得眾多專利，成為擁有鉅資股份的副董事長。正當他的事業走向高峰的時候，他做出了令人驚奇的決定：辭職。原來他根據自己創造所獲的心得，又研究了許多發明家的創造思路，決意辭去職務，潛心探索，他終於在一九四一年寫出並出版了《思維的方法》一書，第一次在世界上闡述創造發明的思路與方法，從此一門新的學科——「創造學」誕生了。

・心靈小棧

生命的價值在於創造。人人都應當讓真正的創造力去獨立發展。創造力是一種「智力肌肉」，願意並且知道如何鍛鍊它，就能發揮出潛在的創造力。

貧瘠的土地

美國一所著名學院的院長，繼承了一大塊貧瘠的土地。這塊土地沒有具有商業價值的林木，沒有礦產或其他貴重的附屬物，因此，這塊土地不但不能為他帶來任何收入，反而成為支出的一個源頭，因為他必須支付土地稅。

州政府預備建造了一條公路從這塊土地上經過。一位「未受教育」的人剛好開車經過，看到了這塊貧瘠的土地正好位於山頂，可以觀賞四周連綿幾公里長的美麗景色。他（這個沒有受過教育的人）同時還注意到，這塊土地上長滿了小松樹及其他樹苗。他以每畝十美元的價格，買下這塊五十畝的荒地。在靠近公路的地方，他建蓋了一間獨特的木造房屋，並附設一間很大的餐廳，在房子附近又建了一處加油站。他又在公路沿線建造了十幾間單人小木屋，以每人每晚三美元的價格出租給遊客。餐廳、加油站及小木屋，使他在第一年淨賺一・五萬美元。

第二年，他又大事擴張，增建了另外五十棟木屋，每一棟木屋有三個房間。他現在把這些房子出租給附近城市的居民們，作為避暑別墅，租金為每季一百五十美元。

這些木屋的建築材料根本不必花他一毛錢，因為這些木材就長在他的土地上（那位學院院長卻認為這塊土地毫無價值）。

還有，這些木屋獨特的外型正好成為他的擴建計劃的最佳廣告。一般人如果用如此原始的材料建造房屋，很可能被認為是瘋子。

故事還沒有結束，在距離這些木屋不到五公里處，這個人又買下占地一百五十畝的一處古老而荒廢的農場，以每畝二十五美元的價格買下，而賣主則相信這個價格是最高的了。

這個人馬上建造了一座一百米長的水壩，把一條小溪的流水引進一個占地十五畝的湖泊，在湖中放養許多魚，然後把這個農場分割成較小的面積出售給那些想在湖邊蓋避暑別墅的人。這樣簡單的一轉手，使他賺進了二‧五萬美元，而且只花了一個夏季的時間。

正是這個有遠見及想像力，但卻未受過正規「教育」的人。

且讓我們牢記這個事實：只要能運用各種知識，立即可以變得有學問及有財富。

在提到上面所敘述的那段故事時，那位以五百美元的價格售出五十畝「沒有價值」土地的學院院長說：「想想看，我們大部分的人也許都會認為那人沒有學問，但他把他的想法和五十畝荒地混合在一起之後，所獲得的年收益，卻遠超過我靠所謂的教育方式所賺取的五年總收入。」

・心靈小棧

創造性的思維是最重要的財富。在生活中，獨特的眼光和魄力往往比教育和知識更重要。

由貓決定

在一個西方的國家，有兩個非常傑出的木匠，他們的手藝都很好，難以分出高下。有一天，國王突發奇想：「到底哪一個才是最好的木匠呢？不如我來辦一次比賽，然後封勝者為『全國第一木匠』。」

於是，國王把兩位木匠找來，為他們舉辦了一次比賽，限時三天，看誰刻的老鼠最逼真，誰就是全國第一的木匠，不但可以得到高額獎金，還可以得到冊封。

在那三天裡，兩個木匠都不眠不休地工作。到了第三天，他們把已雕好的老鼠獻給國王，國王把大臣全都找來，一起做本次比賽的評審。

第一位木匠刻的老鼠栩栩如生、纖毫畢現，甚至連鼠鬚也會抽動。

第二位木匠的老鼠則只有老鼠的神態，卻沒有老鼠的形貌，遠看勉強是一隻老鼠，近看則只有三分像。

勝負即分，國王和大臣一致認為第一個木匠獲勝。

但第二個木匠當廷抗議，他說：「國王的評審不公平。」

工匠說：「要決定一隻老鼠是不是像老鼠，應該由貓來決定，貓看老鼠的眼光比人還銳利呀！」

國王想想也有道理，就叫人到後宮帶幾隻貓來，讓貓來決定哪一隻老鼠比較逼真。沒有想到，貓一放下來，都不約而同撲向那隻看起來並不十分像的「老鼠」，啃咬、搶奪；而那只栩栩如生的老鼠卻完全被冷落了。

事實擺在面前，國王只好把「全國第一」的稱號給了第二個木匠。

事後，國王把第二個木匠找來，問他：「你是用什麼方法讓貓認為你刻的是老鼠呢？」

木匠說：「大王，其實很簡單，我只不過是用魚骨刻了隻老鼠罷了！貓在乎的根本不是像與不像，而是腥味呀！」

・心靈小棧

生活中處處充滿著競爭。人生的競賽往往是這樣，獲勝者往往不是技巧最好的，而是那些最肯動腦筋、想人之想不到的人。

「偷懶」的漢斯

漢斯是個德國農民，他因愛動腦筋，常常花費比別人更少的力氣，就能獲得更多的收益，當地人都說他是個聰明人。到了花生收成的季節，德國農民就進入了最繁忙的工作時期。他們不僅要把花生從地裡拔起來，而且還要把它運送到附近的城裡去賣。為了賣個好價錢，大家都要先把花生按外型分成大、中、小三類。這樣做，工作量實在太大了，每人都不得不起早摸黑地做，希望能快點把花生運到城裡趕早上市。漢斯家卻與眾不同，他們根本不做分類花生的工作，而是直接把花生裝進麻袋裡運走。

漢斯家「偷懶」的結果是，他家的花生總是最早上市，因此每次他賺的錢自然比別家的多。

一個鄰居發現了漢斯家賺的錢比自己多，但是不知道他們是怎麼做到的。於是就悄悄地跟蹤，終於發現了其中的祕密。

原來，漢斯每次往城裡送花生時，並沒有開車走一般人都習慣開的平坦公路，而是載著裝花生的麻袋跑一條顛簸不平的山路。二英哩路程下來，因車子的不斷顛簸，小的花生就落到麻袋的最底部，而大的自然留在了上面。賣時仍然是大小能夠分開。由於節省了時間，漢斯的花生上市最早，自然價錢就能賣得更理想了。

・心靈小棧

如果你能夠激發出自己的想像能力，學會利用有利條件進行工作，就可以在競爭中搶占先機。

有想像力的人

在加州海岸的一個城市中，所有適合建築的土地都已被開發出來，並予以利用。在城市的另一邊是一些陡峭的小山，無法作為建築用地，而另外一邊的土地也不適合蓋房子，因為地勢太低，每天海水漲潮時，總會被淹沒一次。

一位具有想像力的人來到了這座城市。

通常具有想像力的人往往史都具有敏銳的觀察力，這個人也不例外。在到達的第一天，他立刻看出這些土地的價值。

他先收購了那些因為山勢太陡而無法使用的山坡地。他也收購了那些每天都要被海水淹沒一次而無法使用的窪低地區。他收購的價格很低，因為這些土地被認為並沒有什麼太大的價值。

他用了幾噸的炸藥，把那些陡峭的小山炸成鬆散的土石。再利用推土機把土石推平，原來陡峭的山坡地就成了很漂亮的建築用地。

另外，他又雇用了一些車子，把多餘的土石倒在那些低窪地區，使其超過水平面，低地也變成了漂亮的建築用地。

因此，他賺了不少錢。

・心靈小棧

想像力和創造力是一個人最大的財富。只要你能夠充分運用自己的想像力和創造力，就能夠成為一位「天才」。

傷感的「女神像風潮」

美國德州有座很大的女神像，因年久失修，當地州政府決定將它推倒。這座女神像歷史悠久，許多人都很喜歡，常來參觀、照相。推倒後，廣場上留下了幾百噸廢料：有碎渣、廢鋼筋、朽木塊、爛水泥……既不能就地焚化，也不能挖坑深埋，只能裝運到很遠的垃圾場去。二百多噸廢料，如果每輛車裝四噸，就需五十輛次，還要請裝運工、清理工……至少得花二萬五千美元。沒有人會為了二萬五千美元的承包費而願意攬下這份苦差事。

斯塔克卻獨具慧眼，竟然在眾人避之唯恐不及的情況下，大膽將這份差事承攬下來。因為在他看來，這些「廢物」可是無價之寶啊！他來到市政有關部門，說願意承包這份工作。他說，政府不必花費二萬五千美元，只需拿二萬美元給他就行了。他可以完全按要求處理好這批垃圾。

於是合約立即簽定。斯塔克還得到一個書面保證：不管他如何處理這批廢物垃圾，政府都不干涉，不能因為看到有什麼成果而來插手。

Chapter 03
坦然

斯塔克請人將大塊廢料敲成小塊，進行分類：把廢銅皮改鑄成紀念幣；把廢鉛廢鋁做成紀念尺；把水泥做成小石碑，把神像帽子弄成很好看的小塊，標明這是神像最著名的皇冠的某部分；把神像嘴唇的小塊標明是她那可愛的嘴唇……所有這些分別裝在一個個十分精美而又雅緻的小盒子裡。甚至朽木、泥土也用紅綢墊上，裝在玲瓏剔透的盒子裡。

更為絕妙的是他雇了一批工人，將廣場上這些廢物圍起來，引來了許多好奇的人圍觀。大家都盯著大木牌上寫的字：

「再過幾天這裡將有一件奇妙的事情發生。」是什麼奇妙事？誰也不知道。

有一天晚上，看守的人睡著了，有一個人悄悄溜進去，偷了製成的紀念品，被抓住了。這件事立即被傳開，於是報紙、電視、廣播紛紛報導，並大加渲染，立即就傳遍了全美。斯塔克神祕的舉動引起了人們極大的好奇心。

這時，斯塔克就開始推出他的計劃。他在盒子上寫了一句傷感的話：「美麗的女神已經遠去了，我只留下她這一塊紀念物品。我永遠愛她。」

斯塔克將這些紀念品出售，小的一美元一個，中等的二・五美元，大的十美元左右。賣得最貴的是女神的嘴唇、皇冠、眼睛、戒指等，一百五十美元一個，都很快被搶購一空。

斯塔克的做法在全美形成了一股極其傷感的「女神像風潮」，他從一堆廢棄泥塊中淨賺了十二‧五萬美元。

‧心靈小棧

對於獨具慧眼的人來說，賺錢的機會無處不在，關鍵就在於他們善於發現。在大多數人都否定的事物上加以變化，見人所未見，便可能取得意外的成功。

有商業頭腦的青年

一個青年在和許多夥伴開墾山林。其他人都把石頭壓成石子運到山下，賣給房屋建設公司；他卻直接把石頭運到城市，賣給城市中的庭院造景公司。因為這兒的石頭總是奇形怪狀，他認為賣重量不如賣造型。三年後，他成為同伴中第一個買車的人。

後來，不許開山，只許種樹，於是這兒成了果園。每到秋天，滿山遍野的梨子招徠了八方饕客，村民把堆積如山的梨子成筐成簍地運往都市，然後再發往港口輸往國外。因為這兒的梨，汁濃肉脆，純正無比。就在其他人為梨子帶來的財富日子歡呼雀躍時，曾賣過石頭的青年賣掉果園，開始賣箱子。因為他發現，來這兒的顧客及商人不愁挑不到好梨子，只愁買不到讓梨子不受到碰撞的箱子。五年後，他成為全部果農指定的紙箱供應商。

二十世紀九〇年代末，日本豐田公司行銷經理山田信一，聽到這個故事，他被主人翁罕見的商業頭腦所震驚，當下即決定要尋找這個人。

當山田信一找到這個人的時候，他正在自己的店門口與對面的店長吵架，因為他店裡的一件襯衫標價八百元的時候，同樣的襯衫對面店長就賣七百五十元；他標價七五十元的時候，他們就賣七百元。一月下來，他僅賣出八件襯衫，而對面的店家卻賣出八百件。

山田信一看到這種情形，非常失望，以為被講故事的人欺騙了。但是，當他弄清真相之後，立即決定以百萬年薪聘請這個人，因為對面的那個店也是他的。

・心靈小棧

在競爭日益激烈的社會中，靈活的思維和機智的頭腦是最大的優勢。一個人必須有與眾不同的想法，才能有與眾不同的收穫。

不放棄希望

瓊斯是美國威斯康辛州一個小農場的農民，在身體健康的時候，他非常勤奮地工作，但卻並不能使他的農場生產出更多的產品，因此，他們的生活並不很寬裕。

後來，瓊斯晚年突然癱瘓了，自己幾乎失去生活的能力，他的親人都認為他不會有什麼作為了。然而，瓊斯雖然身體癱瘓了，卻從不悲觀，這場災難並沒有對他的心理造成影響。反而使他開始思考和計劃如何給他自己和他的家人帶來幸福的方法。從他臥床不起的時候開始，他就有一個信念：要滿懷希望，保持樂觀的態度和愉快的情緒；要使自己成為有用的人。他要供養他的家庭，而不要成為家庭的負擔；從自己的農場做起，將自己偉大的夢想變為真實。

他把自己的計劃告訴家人。「我不能再用我的手工作了，」他說，「因此我決定用我的大腦進行我的工作計劃。如果你們願意的話，你們每個人的手都可以代替我的手、腳和身體。讓我們把自己農場裡每一畝可耕之地都種上玉米。然後我們就用所收成的玉米養豬。當我們的豬還幼小肉嫩的時候，我們就把牠們宰殺，製成香腸，然後把香腸包裝起來，自創品牌在全國各地的零售店出售，這樣我們的香腸就可以走入全國各個家庭之中了。」幾年之後，「瓊斯乳豬香腸」走進了千家萬戶，成為美國最受歡迎的食品之一。瓊斯也成了百萬富翁。

．心靈小棧

一個良好的心理狀態，總能啟發人們找到解決問題的辦法，幫助他們度過難關，使人生變得更加多姿多彩。

泊車

銀行的門被打開了，走進了一位表情難以捉摸的人，身後帶著一股邁阿密夏日特有的熱浪。他走到銀行的櫃檯邊，開始和銀行職員友好地交談。他告訴銀行職員，他要與妻子去巴哈馬群島度假。他說，他碰到了一個問題。他們的假期要持續三個星期，而他又沒有帶足夠的現金來滿足妻子強烈的購物欲望。他想申請三千美元的貸款。銀行職員覺得有些迷惑，他對貸款者說：他對他還不夠瞭解，他需要先去做一下背景信用調查。利用貸款人提供的個人資料，職員很快地查對了這個人的背景。實際上此人是德州的金融業巨子。職員一分鐘也沒有耽誤就開始辦理貸款業務，在完成了一切作業流程之後，他出來見這個德州人。

因為已經知道了貸款人的真實身分，年輕的職員覺得有些不好意思，但最後還是開了口：「先生，感謝您照顧我們的生意，並且允許我調查您的信用背景。您的貸款申請已經準備好了，但是還有一件例行公務。我們要求您提供貸款抵押，雖然只是一筆很小的貸款，但還是要這樣做……我希望您能夠理解。」

德州客笑著說道：「當然，我能夠理解……你看，拿我的車做貸款抵押可以嗎？」他一邊說一邊指著銀行大樓外面的一部嶄新的卡迪拉克，那部車在陽光的照射下熠熠生輝。職員嚥了口口水說：「當然可以，先生。」

三個星期以後，德州客如沐春風般地步入銀行的大門。他膚色黝黑，顯得神采飛揚。他輕鬆地取出三千美元現金，放到了櫃檯上，在文件上簽上了自己的名字，然後索取車子的鑰匙。在遞還車鑰匙的時候，年輕的銀行職員猶豫了一下，但還是問道：「先生，我有點兒不明白。我後來又查了一下您的資料，您擁有高額的流動資金，隨時都有足夠的現金。可為什麼要申請這麼小的一筆貸款呢？」

「除此以外，我想不出別的辦法可以泊車三個星期而只交二十五美元的停車費。」德州客眨了眨眼，拿起鑰匙揚長而去。

銀行職員呆在那兒，二十五美元剛好是德州人付的貸款利息。而銀行為了車的安全保管付出的費用是這個數字的很多倍。

・心靈小棧

一個人把思維訓練得越靈活，在生活中獲利的機會就越多，成功的機會也就越大。

謝謝您購買 活著，就該珍惜 這本書！

即日起，詳細填寫本卡各欄，對折免貼郵票寄回，我們每月將抽出一百名回函讀者寄出精美禮物，並享有生日當月購書優惠！

想知道更多更即時的消息，歡迎加入"永續圖書粉絲團"

您也可以利用以下傳真或是掃描圖檔寄回本公司信箱，謝謝。

傳真電話：（02）8647-3660 信箱：yungjiuh@ms45.hinet.net

☺ 姓名：＿＿＿＿＿ □男 □女 □單身 □已婚

☺ 生日：＿＿＿＿＿ □非會員 □已是會員

☺ E-Mail：＿＿＿＿＿ 電話：（ ）＿＿＿＿＿

☺ 地址：＿＿＿＿＿

☺ 學歷：□高中及以下 □專科或大學 □研究所以上 □其他＿＿＿＿＿

☺ 職業：□學生 □資訊 □製造 □行銷 □服務 □金融

□傳播 □公教 □軍警 □自由 □家管 □其他＿＿＿＿＿

☺ 您購買此書的原因：□書名 □作者 □內容 □封面 □其他＿＿＿＿＿

☺ 您購買此書地點：＿＿＿＿＿ 金額：＿＿＿＿＿

☺ 建議改進：□內容 □封面 □版面設計 □其他＿＿＿＿＿

您的建議：＿＿＿＿＿

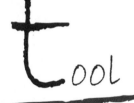